TOC, TOC...
LIDANDO COM AS EMOÇÕES, BRINCANDO COM O PENSAMENTO

PLIM, PLIM!
ATRAVÉS DA CRIATIVIDADE

ANGELA M. RODRIGUES VIRGOLIM
DENISE DE SOUZA FLEITH
MÔNICA SOUZA NEVES-PEREIRA

ilustrações
André de Pádua

TOC, TOC... PLIM, PLIM!

LIDANDO COM AS EMOÇÕES, BRINCANDO COM O PENSAMENTO ATRAVÉS DA CRIATIVIDADE

Capa | Fernando Cornacchia
Ilustrações | André de Pádua
Revisão | Áurea Guedes de Túlio Vasconcellos e Maria Lúcia A. Maier

Dados Internacionais de Catalogação na Publicação (CIP)
(Câmara Brasileira do Livro, SP, Brasil)

Virgolim, Angela M. Rodrigues
Toc, toc... plim, plim!: Lidando com as emoções, brincando com o pensamento através da criatividade/Angela M. Rodrigues Virgolim, Denise de Souza Fleith, Mônica Souza Neves-Pereira; ilustrações André de Pádua. – 13ª ed. – Campinas, SP: Papirus, 2012.

Bibliografia.
ISBN 978-85-308-0560-9

1. Autopercepção 2. Criatividade 3. Emoções 4. Pensamento criativo 5. Saúde mental 6. Solução de problemas I. Fleith, Denise de Souza. II. Neves-Pereira, Mônica Souza. III. Pádua, André de. IV. Título. V. Título: Lidando com as emoções, brincando com o pensamento através da criatividade.

12-10318   CDD-153.35

Índices para catálogo sistemático:

1. Criatividade: Psicologia   153.35
2. Pensamento criativo: Psicologia   153.35
3. Psicologia da criatividade   153.35

13ª Edição – 2012
12ª Reimpressão – 2025

Exceto no caso de citações, a grafia deste livro está atualizada segundo o Acordo Ortográfico da Língua Portuguesa adotado no Brasil a partir de 2009.

Proibida a reprodução total ou parcial da obra de acordo com a lei 9.610/98. Editora afiliada à Associação Brasileira dos Direitos Reprográficos (ABDR).

DIREITOS RESERVADOS PARA A LÍNGUA PORTUGUESA:
© M.R. Cornacchia Editora Ltda. – Papirus Editora
R. Barata Ribeiro, 79, sala 316 – CEP 13023-030 – Vila Itapura
Fone: (19) 3790-1300 – Campinas – São Paulo – Brasil
E-mail: editora@papirus.com.br – www.papirus.com.br

SUMÁRIO

Prefácio 7
Introdução: Como trabalhar com este livro 9
Criatividade: Uma introdução teórica 17

PARTE 1:
TRABALHANDO MINHAS EMOÇÕES E SENTIMENTOS

1. MEU NOME 33
2. A HISTÓRIA DO MEU NOME 34
3. CARTEIRA DE IDENTIDADE 35
4. QUEM SOU EU? 36
5. EU SOU ASSIM 39
6. AUTOINVENTÁRIO 42
7. EXPLORANDO MINHAS HABILIDADES 44
8. DESENHANDO MINHA MÃO 45
9. FAZENDO COMPARAÇÕES 47
10. SENTENÇAS INCOMPLETAS 48
11. QUANDO EU... 50
12. BIOGRAFIA DOS MEUS CABELOS 53
13. ÀS VEZES EU SOU COMO... 54
14. FAZENDO PLANOS PARA O FUTURO 59
15. RELAXAMENTO SIMPLES 63
16. MINHA CASA 64
17. MEU QUARTO 67
18. MINHA ESCOLA 69
19. AMIGO IDEAL 71
20. PRESENTEANDO ALGUÉM 75
21. GOSTAR 76
22. PASSEANDO PELO ARCO-ÍRIS 77
23. GALERIA DE PERSONAGENS 80
24. TORNANDO-SE GENEROSO 81
25. MÓVEIS FALANTES 82
26. RELAXAMENTO E VISUALIZAÇÃO COM MÚSICA 83
27. O "FURO" JORNALÍSTICO 85
28. A LOJINHA MÁGICA 86
29. FIGURAS E EMOÇÕES 88
30. NOSSOS SENTIMENTOS 89
31. DESENHANDO PALAVRAS E EMOÇÕES 90
32. AGENDA 92
33. PRESIDENTE DA REPÚBLICA 94
34. DESENHANDO PALAVRAS 95
35. O OBJETO MISTERIOSO 97
36. CHEIROS EXÓTICOS 99
37. A LAGOA AZUL 100
38. IMAGINE SE... 102
39. O TRIÂNGULO DAS BERMUDAS 104
40. MEUS MODELOS 106

PARTE 2:
TRABALHANDO MINHAS HABILIDADES DE PENSAMENTO CRIATIVO

41. CIÊNCIA E CIENTISTAS 109
42. BRINCANDO COM HISTÓRIAS DE FADAS 116
43. ASSUSTANDO UM LADRÃO 122
44. O QUE ACONTECERIA SE... 123
45. NA CLASSE DA TIA SUZY 126
46. DESENHANDO O MEU MONSTRO 129
47. SEQUÊNCIAS 132
48. A BRANCA DE NEVE E O SÍLVIO SANTOS 133
49. INVERTENDO AS COISAS! 134
50. LIGANDO PARA O PROCON 135
51. BRINQUEDOS DE MENINAS E MENINOS 136
52. *JINGLE* 138
53. NOTÍCIAS E JORNAIS 139
54. INVENTANDO HISTÓRIAS 143
55. INVENTANDO MÚSICA 145
56. GENÉTICA 146
57. USOS DIFERENTES 148
58. SÍLABAS 149
59. BICHINHOS 150
60. TRABALHANDO COM SIGLAS 152
61. BARULHOS NO BANHEIRO 153
62. RIMANDO 154
63. ANO 2100 155
64. RECONTANDO UMA HISTÓRIA 156
65. SEMELHANÇAS E DIFERENÇAS 157
66. CRIAÇÕES NO ANO 2300 159
67. BRINCANDO COM RITMOS 160
68. CORES DO NOSSO MUNDO 161
69. HISTÓRIAS & PROBLEMAS 162
70. INVENTANDO NOMES! 163
71. CIENTISTA ESPERTO 165
72. SUAS AÇÕES NO FUTURO 166
73. RELAÇÕES 167
74. BOROCOXÔS 168
75. DESENHANDO 170
76. FAZENDO ANALOGIAS 172
77. CÓDIGOS INTERESSANTES 173
78. DESCOBRINDO PROFISSÕES 176
79. GUIANDO UM CEGO 178
80. SÍMBOLOS 180
81. FIGURAS GEOMÉTRICAS 181
82. DANDO RECEITAS 182
83. UM CARTÃO PARA UM ET 183
84. FIGURAS E HISTÓRIAS 184
85. ESCREVENDO NAS COSTAS 187

APÊNDICE 188

MONTE SUA BIBLIOTECA! 190

PREFÁCIO

Sinto-me honrada e feliz pelo privilégio de apresentar o livro *Toc, toc... plim, plim!* que aborda este tema fascinante que é o poder criador de nossa mente. Ele foi preparado por três jovens especialistas da área de criatividade, as mais brilhantes, com as quais há vários anos tenho tido a alegria e o prazer de interagir, compartilhar ideias e conhecimentos e trabalhar em equipe.

Sabemos que criatividade é, sem sombra de dúvida, o recurso mais precioso de que o ser humano dispõe para lidar com os problemas e desafios que acompanham o momento atual. Desde o fim do século XX, que se caracterizou por um progresso sem precedentes e por mudanças dramáticas, há uma profunda necessidade de pessoas que se destaquem pela expressão de suas habilidades criativas, como tem sido apontado por estudiosos das mais diversas áreas, ao se referirem ao novo perfil de homem necessário na sociedade moderna. Estar preparado para solucionar problemas e solucioná-los de forma criativa e inovadora é uma necessidade premente de nossa época.

Lamentavelmente, porém, esse recurso tem sido tolhido, permanecendo, na maior parte das vezes, adormecido em função de vários fatores. Dentre eles, poder-se-ia destacar o modelo de ensino, predominante na maior parte das escolas, que não estimula o pensamento criador, que estabelece limites muito aquém das possibilidades do aluno, que enfatiza de forma exagerada a reprodução e a memorização do conhecimento e que desconsidera a imaginação e a fantasia como dimensões importantes a serem mais bem exploradas.

O livro *Toc, toc... plim, plim!* apresenta inúmeras possibilidades para exercitar e fazer fluir essa energia inesgotável para criar, que faz parte do repertório inerente do ser humano. Além de apresentar uma perspectiva teórica da Psicologia da Criatividade e detalhar o processo de germinação de ideias criativas, ele descreve um manancial de exercícios, abrindo distintas alternativas para a expressão e o desenvolvimento do potencial criador e facilitando o despertar desse manancial muitas vezes desconhecido que temos dentro de nós.

Estou certa de que este texto enriquecerá o desenvolvimento de todos os que a ele tiverem acesso, sejam profissionais ou estudantes, conscientizando-os dessa fonte inesgotável de ideias que constitui a nossa mente, libertando-os de muitos bloqueios que drenam a energia criativa, e fortalecendo, dessa forma, o seu poder criativo.

Eunice M.L. Soriano de Alencar, PhD

INTRODUÇÃO:
COMO TRABALHAR COM ESTE LIVRO

É com grande alegria e emoção que "damos à luz" este livro. Ele é fruto de uma série de reflexões acerca da nossa prática em Psicologia da Criatividade. Há alguns anos que nos dedicamos à docência, à realização de pesquisas e trabalhos de consultoria e treinamento nessa área, no Instituto de Psicologia da Universidade de Brasília. Nossa preocupação tem sido a de desmistificar ideias errôneas comumente associadas à criatividade, bem como instrumentar os profissionais da educação para o desenvolvimento das habilidades criativas dos alunos, paralelamente ao desenvolvimento de seu próprio potencial criativo.

Para todos nós, seres humanos, criar é algo inerente, presente e participante de nossas vidas. Estamos criando e inventando o tempo todo. Descobrimos a roda não sei quantas vezes por dia, ao solucionarmos nossos pequenos problemas, empecilhos, dificuldades, situações específicas que a vida nos prepara diariamente. Para sobrevivermos como bons solucionadores de problemas em situações novas, para lidarmos com o progresso e com as enormes mudanças que avassalam os nossos tempos, consideramos de grande importância o estudo e a pesquisa sobre os processos criativos, assim como a adoção de uma postura de aproveitamento dos talentos e habilidades do sujeito humano.

Em nossas atividades, sempre buscamos proporcionar àqueles que nos procuraram para participar de cursos, seminários e *workshops*, oportunidades de descoberta e experiência de suas habilidades de pensamento criativo, assim como a vivência de emoções e sentimentos participantes do ato da criação. Constantemente, temos sido procuradas por professores, psicólogos e pais interessados em obter informações sobre como desenvolver a criatividade e demonstrando desejo de acesso ao material específico da área. Especialmente, solicitam literatura relacionada às estratégias estimuladoras do pensamento criativo, o que nos parece indicar uma escassez de instrumentos e recursos, nesse campo do conhecimento, disponíveis ao público em geral.

Pais de crianças superdotadas e professores de Ensino Especial estão também entre aqueles que nos procuram em busca de recursos para complementar a educação desse grupo. Temos tido a satisfação de trabalhar com nossas técnicas de criatividade tanto com as crianças que frequentam as salas de recurso do Programa de Enriquecimento para os Portadores de Altas Habilidades da Fundação Educacional do Distrito Federal, quanto de participar do treinamento de seus professores. Em vista dos resultados altamente positivos, elaboramos inclusive um Programa de Criatividade, que foi ministrado por estagiários do curso de graduação em psicologia da Universidade de Brasília às classes de superdotados durante três semestres consecutivos. Percebemos claramente que os exercícios em criatividade propiciaram uma abertura em sala de aula para a expressão do pensamento divergente, influindo no aumento da autoestima dos alunos, na expressão do humor e, principalmente, na satisfação do aluno com o sistema escolar. Além disso, os exercícios de criatividade que oferecemos neste livro têm sido extensivamente usados por nós em diversos programas, tanto com adultos como com adolescentes e crianças que atendem nossos cursos e *workshops*, tanto no Brasil quanto no exterior. Os resultados sempre foram altamente positivos e estimuladores.

Sabemos que a satisfação com o ensino é mola mestra para a realização escolar do aluno. A criança e o adolescente muitas vezes se ressentem com a escola, considerando o ensino chato, repetitivo, demasiadamente cansativo e distante do aluno e de sua realidade. O que apresentamos aqui, neste livro, é uma sugestão de escape desse sistema educacional repressivo, uma tentativa de instrumentar o professor para que ele possa propiciar ao aluno oportunidade de se conscientizar e de expressar suas ideias e compartilhar suas emoções com colegas e professores.

É normal, no nosso sistema educacional, que o professor passe o ano todo com um aluno sem, no entanto, chegar a compreendê-lo ou aceitá-lo. Qual é o espaço que o ensino tradicional deixa para o conhecimento pessoal do aluno? A pressão que um professor recebe para ter todo o seu programa cumprido é sabidamente enorme e, mesmo que ele queira abrir espaço no currículo escolar para alguma atividade mais relaxante, muitas vezes não sabe como. Nossa intenção é sugerir a ele *como*.

Nesse sentido, consideramos que seria especialmente útil a elaboração de um livro que pudesse orientar pais e diversos profissionais interessados nas condições propiciadoras do desenvolvimento da criatividade de crianças e adolescentes, seja no ambiente escolar, familiar, seja no terapêutico, como também possibilitar o uso dessas estratégias por parte das próprias crianças. Este livro oferece recursos para o desenvolvimento das habilidades do pensamento criativo, podendo ser utilizado tanto na escola como na família, sob orientação especializada de professores e/ou pais e terapeutas, assim como pela criança, a partir de dez anos, que queira trabalhar sem a tutela obrigatória de um mentor. Adolescentes e adultos podem, também, divertir-se com esses exercícios criativos, uma vez que eles são, em sua grande maioria, adequados a qualquer faixa etária. Se necessário, pode-se adaptar facilmente qualquer exercício, atualizando seus conteúdos para a idade do usuário. Constitui-se também num material precioso para contextos terapêuticos, auxiliando a terapia psicológica, propiciando ao terapeuta uma via de acesso ao mundo interno e das ideias do seu paciente.

Nossa proposta comprometeu-se com a criação de um livro prático e, especialmente, lúdico. É nosso objetivo que as crianças que dele façam uso possam brincar à vontade com o seu pensamento criativo, desenvolver e utilizar seus talentos humorísticos, soltar a imaginação, explorar todos os sentidos e emoções, apresentar inúmeras ideias, assim como soluções criativas e inovadoras para situações e problemas.

A criatividade parece inserir-se na categoria de atributo da natureza humana. Podemos dizer, após anos de pesquisa, que *todos nós somos criativos em alguma medida* e que *possuímos habilidades e talentos para inovar e inventar.* Por que então, sempre que solicitados a criar, lá no fundinho de cada um de nós, duvidamos tanto de nossas capacidades? Por favor, responda a algumas perguntinhas, você que está lendo este livro agora: você se considera criativo? Quando foi que teve sua última ideia criativa? Que critérios você utilizou para avaliar a criatividade de sua ideia? Sua ideia mudou alguma coisa na sua vida ou no seu entorno? Ela foi realizada? O que aconteceu depois de realizá-la?

Se conseguiu responder a essas perguntas rapidamente, parabéns, você parece consciente de suas habilidades criativas, é um privilegiado. Mas, se você embatucou, parou, pensou, não respondeu, não se preocupe, a maioria das pessoas titubeia diante dessas perguntas. Temos dúvidas sobre nosso potencial. Geralmente, não nos ensinam na escola que podemos desenvolver nossos talentos e habilidades. Crescemos sem saber que somos competentes e capazes em muito mais coisas do que imaginamos. E quando alguém nos pergunta se somos criativos e sabemos fazer as coisas de uma nova forma, pronto, ficamos de boca aberta, sem saber direito que resposta devemos dar, desconfiando do nosso saber.

É do senso comum a máxima de que "somos aquilo que pensamos, aquilo que criamos em nossas mentes, através de pensamentos, emoções, sentimentos e percepções". Todos os dias construímos um pouquinho daquilo que percebemos como "nós mesmos" e também o que chamamos de mundo: "Somos criadores o tempo todo, artistas do dia a dia, construtores do mundo".

Essa é uma das inúmeras razões pelas quais estudamos criatividade. Acreditamos no enorme potencial humano e na dificuldade existente na nossa cultura em percebê-lo e desenvolvê-lo. Não somos educados para expressarmos nossas habilidades e talentos. Nossas famílias, escolas e sociedade não sabem como promover a excelência. E assim, de geração em geração, vamos perdendo matéria-prima de primeira mão, os frutos de novas ideias e soluções para problemas diversos que habitam a mente dos homens, mas não encontram a via de saída, por falta de informação, treino e oportunidade.

Mas, afinal de contas, o que é criatividade? O que é essa mágica que alguns realizam com tanta facilidade, e outros não? Por que existem os gênios, as pessoas talentosas? Quem são eles, afinal? Como pensam? O que os torna diferentes de nós? Podemos nos tornar talentosos também? Para respondermos a essas e outras tantas perguntas sobre criatividade é que pesquisamos com afinco ao longo dos últimos anos. Este livro nasce como fruto dessas pesquisas e surge não apenas para responder perguntas, mas, principalmente, para oportunizar situações e experiências em que todos possam descobrir e utilizar suas habilidades criativas e começar a compreender a criatividade já, a partir da própria vivência, do contato com a fonte e com a origem de toda criação humana: nossa mente e suas infinitas possibilidades.

Nosso livro é dividido em duas partes. A primeira propõe-se a trabalhar com os conteúdos emocionais do sujeito humano, que constituem a energia vital do processo criativo, e a segunda, a lidar com os aspectos relacionados ao pensamento criativo, a ferramenta da criatividade.

As emoções, sensações e sentimentos representam o combustível indispensável para que ocorra o processo da criação. Verifica-se, com clareza, na literatura sobre criatividade, a importância dos estados emocionais no desempenho do sujeito que cria. Por isso, é indispensável trabalharmos traços de personalidade compatíveis com um perfil psicológico saudável, pois acreditamos que a saúde mental e emocional é aspecto importante e determinante do ato de criar, mesmo a despeito de crenças que relacionam criatividade a estados emocionais de caráter patológico. Nossa experiência mostra que a criatividade não se desenvolve plenamente antes que o indivíduo tome conhecimento do seu eu, ou que tenha oportunidade de expressar toda a riqueza de seus sentimentos e emoções.

Pensando nisso, os exercícios da primeira parte do livro foram elaborados com o propósito de desenvolver aspectos relacionados a: 1) construção de uma autoestima e autoconceito consistentes; 2) conhecimento e educação das emoções; 3) habilidade em elaborar planos e projetos para o futuro; 4) reconhecimento de talentos e habilidades pessoais; 5) desenvolvimento da percepção, através do treino das habilidades sensoriais; 6) habilidades musicais e poéticas; 7) relaxamento físico e mental; e 8) desenvolvimento da imaginação e capacidade de visualização.

Na segunda parte do livro será trabalhado o pensamento criativo. Nessa etapa, priorizamos os exercícios que objetivam desenvolver aspectos relacionados ao pensamento divergente, característico da criatividade, assim como às estratégias de solução de problemas. Dentre os aspectos destacados, encontramos exercícios destinados ao desenvolvimento das seguintes habilidades: 1) fluência, flexibilidade, originalidade e elaboração; 2) imaginação; 3) uso de metáforas e analogias; 4) escrita e desenho criativos; 5) expressão corporal e psicomotricidade; 6) estratégias variadas para solução de problemas; e 7) expressão artística: musical, plástica, dramática, entre outras.

Uma palavrinha de cuidado deve ser dita a respeito de como utilizar esses exercícios, principalmente os da primeira parte. Como a expressão do si mesmo implica o desnudamento da personalidade, são exercícios que necessitam de um certo cuidado ao serem aplicados em situações grupais. O indivíduo não pode ser obrigado a revelar suas respostas, caso não o queira fazer, e deve ser absolutamente poupado de qualquer crítica a elas, que corre o risco de ser interpretada como crítica a si mesmo, à parte mais sensível da personalidade. Algumas regrinhas são fundamentais para preservar um ambiente ótimo para a expressão de cada um e são absolutamente necessárias para que o aplicador do exercício as use, a fim de preservar a liberdade de expressão e manter sempre elevada a autoestima dos sujeitos. São elas:

1) Não se autocriticar nem criticar o outro. Ao criticar prematuramente as próprias ideias, o indivíduo deixa de falar o que realmente sente ou pensa, cortando na raiz a oportunidade de desenvolver suas ideias criativas.
2) Pegue carona na ideia do outro. Elabore a ideia do outro, adicione mais algum ingrediente, ao invés de somente criticá-la ou negá-la.
3) Dê sempre mais de uma resposta. Busque a fluência de ideias. Quanto mais ideias, melhor: elas são como uma cachoeira que nunca deixa de jorrar.
4) Deixe seu pensamento vagar por outros caminhos; faça associações de ideias, seja flexível.
5) Seja original. Busque o humor nas situações mais convencionais: ouse! Respostas loucas, diferentes, engraçadas têm um ótimo potencial para nos levar a novas e boas ideias.
6) Não tenha medo de errar: arrisque-se! Em criatividade não existem respostas boas ou más, erradas ou certas. Existe a *sua* resposta, expressão de quem você é. Lute para ser aceito como você é.
7) Faça uso dos seus direitos como pessoa humana: direito de falar e ser ouvido, de ser respeitado, direito ao silêncio, quando for este seu desejo. As ideias só florescem em um ambiente que proporcione conforto e segurança emocionais aos participantes.
8) Encoraje, seja encorajado. Elogie sempre, dê *feedback* positivo ao outro.

Embora projetados em duas partes distintas, os exercícios da primeira parte podem ser entremeados com os da segunda parte, sem nenhum prejuízo de seu conteúdo. Isso é particularmente interessante quando o grupo ainda não se conhece, ou quando o professor percebe que o grupo ainda não está à vontade para se revelar. Exercícios de aquecimento grupal, como jogos de salão, jogos coletivos e música podem ajudar os elementos do grupo a relaxar e ficar mais à vontade uns com os outros, antes de iniciarem o livro.

Os exercícios da primeira parte devem ser vistos como uma porta de entrada para o interior da pessoa e devem ser aplicados com a consciência de que o material pode suscitar recordações ou associações com aspectos da vida interior do indivíduo, passíveis de trazer à tona conteúdos psicológicos de muita riqueza. É preciso se valer sempre das regrinhas, anteriormente mencionadas, para que as expressões do mundo interno de cada um não caiam no vazio ou sejam levadas de forma leviana num contexto não preparado. O contexto deve ser sempre de apoio e amor.

O potencial desses exercícios será mais bem acessado por aqueles que estão realmente sintonizados com a criança, com suas necessidades e sua forma de ser. Mas talvez seja no contexto grupal que o grande potencial deste livro pode ser realmente observado, uma vez que o grupo age como reforçador de comportamentos e retroalimenta a criatividade do indivíduo. É interessante ver a repercussão das próprias ideias no grupo, assim como aprender, tendo como modelo os próprios colegas, que revitalizam o processo de pegar carona na ideia alheia e elaborar uma nova ideia. No grupo, a pessoa aprende a dividir suas ideias e suas emoções, aprende a ouvir e ser ouvido, a confiar, a correr o risco de se expor e crescer com sua audácia.

Para facilitarmos a execução dos exercícios, colocamos à frente de cada atividade uma legenda, em forma de carinhas, que expressam as seguintes sugestões:

☺ = Sozinho é bom.

☺☺ = Em dupla é legal.

☺☺☺ = Em grupo é demais!

É bom ressaltar que se trata apenas de sugestão, não de obrigatoriedade. Se aplicados em sala de aula, aconselha-se que cada um possa ter oportunidade de compartilhar suas respostas com a turma, ou de escolher uma entre várias respostas para compartilhar. Há sempre a possibilidade de surgir uma atividade suplementar em decorrência do exercício, ou que este motive uma pesquisa, uma dramatização, a construção de uma maquete ou desenho, ou qualquer outra elaboração por parte da criança, que pode ou não ir para um mural ou exposição. É fundamental que o professor respeite o desejo da criança de expor suas atividades, se assim o quiser, e que não seja sempre ele a escolher qual material expor, e sim, os próprios alunos. É claro que a mesma sugestão também se aplica a grupos de qualquer faixa etária.

A maior parte dos exercícios traz também a oportunidade de a criança tornar-se um agente do conhecimento, propondo ela mesma as suas próprias ideias, e não apenas respondendo o que foi solicitado. Uma das grandes características do pensamento criador é a independência do pensamento; o aluno deve ser incentivado a criar sempre, pois só dessa forma terá o seu desenvolvimento criativo respeitado, na direção da atualização de seu potencial.

Para as crianças que desejarem trabalhar sozinhas com este livro, não há nenhuma recomendação especial a ser feita. Ele foi elaborado com este objetivo: *é pegar e brincar com ideias, pensamentos e emoções*. Caso haja desejo e/ou necessidade, por parte dos pais, terapeutas ou professores, de orientar as atividades, um capítulo teórico foi incluso com o propósito de auxiliar o entendimento da dinâmica do processo criativo e seu treino. Caso queiram estender seus conhecimentos nas áreas de criatividade e autoconceito, uma pequena bibliografia foi adicionada ao final do livro. Uma bibliografia mais extensa, contendo livros e artigos também no idioma inglês, poderá ser solicitada diretamente às autoras.

Por último, gostaríamos de receber *feedback* de todos os que fizerem uso deste livro, apontando sugestões e apresentando críticas. Entre nossas metas encontra-se a continuação deste trabalho em outros volumes, com novas sugestões de atividades.

O nosso muito obrigada e... D I V I R T A - S E ! ! ! !

Angela, Denise e *Mônica*

CRIATIVIDADE: UMA INTRODUÇÃO TEÓRICA

O que é?

A criatividade é um fenômeno que desperta o interesse e a curiosidade do homem desde o início dos tempos. O processo de gerar novas ideias, produtos, ações, revoluções, arte, ciência, entre tantas outras coisas, parece ser um talento de que a humanidade dispõe sempre que necessita de respostas ou soluções inovadoras para seus problemas e questões existenciais. Descobrimos o fogo, criamos ferramentas, inventamos a roda, construímos a cultura. Tudo isso nos permitiu sair da idade da pedra e galgar outros degraus na escala da evolução humana. De lá para cá, não paramos de criar. Da descoberta do fogo, chegamos ao átomo, aos foguetes, aos computadores, ao *laser* e a toda a parafernália da tecnologia moderna. Mudamos a cara do mundo, criamos novos valores, costumes, hábitos, formas de viver que nos diferenciam drasticamente dos tempos iniciais, quando labutávamos nas cavernas. Somos capazes de "fazer" história porque criamos, inventamos, inovamos. Como diria Robin, o companheiro do Batman: *Santa Criatividade!*

Todos sabemos o que significa criar. O senso comum tem inúmeras definições para esse fenômeno, como sugere o Quadro 1. No mundo das teorias e tratados científicos, criatividade também tem sido definida de diversas formas. Na literatura encontramos conceituações que se baseiam no processo criativo, algumas no produto e outras nas características de personalidade da pessoa criativa. Todas, porém, concordam em alguns aspectos como: a) um produto, para ser considerado criativo, deve ter o atributo da novidade; e b) deve ser apropriado, útil, válido em algum momento no tempo e na cultura. Segundo Alencar (1993), a emergência de um produto novo parece ser o aspecto mais ressaltado nas inúmeras definições de criatividade. Essa autora também salienta a necessidade de o produto ser considerado satisfatório ou apropriado por um número significativo de pessoas.

Criatividade assume características de fenômeno multifacetado. Assim como um diamante, possui inúmeros lados que necessitam ser considerados para a compreensão do processo como um todo. Por ser múltipla e complexa, a ação de criar não comporta uma definição única, absoluta, restrita. Ficamos então com variadas concepções de criatividade. Segundo Treffinger, Sortore e Cross (1993), não há um único modelo aceito universalmente, nem tentativas de unificar as definições de criatividade propostas até hoje. O consenso, em termos de definição, permanece ainda como algo não tentado.

Quadro 1 – ALGUMAS DEFINIÇÕES DE CRIATIVIDADE

- *"CRIATIVIDADE* é o processo que resulta em um produto novo, que é aceito como útil e/ou satisfatório por um número significativo de pessoas em algum ponto no tempo" (Stein 1974).

- *"CRIATIVIDADE* é um comportamento produtivo, construtivo, que se manifesta em ações ou realizações, não necessitando ser, prioritariamente, um fenômeno ímpar no mundo, mas deve ser, basicamente, uma contribuição do indivíduo" (Lowenfeld e Brittain 1977).

- *"CRIATIVIDADE* é a emergência de um produto novo, relevante pelo menos para a pessoa que cria a solução, constituindo-se numa atitude que implica conhecimento, imaginação e avaliação" (Noller 1977).

- *"CRIATIVIDADE* é o processo de apresentar um problema à mente com clareza (ou seja, imaginando-o, visualizando-o, superpondo-o, meditando, contemplando etc.) e logo originar ou inventar uma ideia, conceito, noção ou esquema segundo linhas novas ou não convencionais; supõe estudo e reflexão mais do que ação. A criatividade resulta da combinação de processos ou atributos que são novos para o criador" (Vervalin 1980).

- *"CRIATIVIDADE* é um processo que leva a um produto artístico específico; é também uma atitude em relação a si mesmo e aos outros que fornece a possibilidade de relações íntimas através da paixão, do desejo e da imaginação" (Goldberg 1986).

- *"CRIATIVIDADE* não é um atributo de indivíduos, mas dos sistemas sociais que fazem julgamento sobre os indivíduos. A criatividade é o produto da interação entre três subsistemas: o domínio, a pessoa e o campo. O domínio representa a cultura onde um determinado comportamento tem lugar. O campo é composto por indivíduos que conhecem as regras do domínio e que decidem se o desempenho do indivíduo é criativo ou não. A pessoa é o indivíduo que assimilou as regras do domínio, encontrando-se pronto para imprimir no campo suas variações individuais" (Csikszentmihalyi 1988).

- *"CRIATIVIDADE* é um processo que envolve o cérebro como um todo; implica a habilidade de desafiar suposições, reconhecer padrões, ver de novas maneiras, fazer conexões, arriscar-se, e 'agarrar as chances'" (Herrmann 1990).

Vygotsky (1987) foi um dos teóricos que se ocuparam em investigar o fenômeno criativo e suas características. Sua contribuição tem sido muito significativa para esse campo do conhecimento, especialmente se considerarmos a maneira clara e objetiva como conceituou criatividade. Sua sugestão foi elaborar uma analogia entre os fenômenos criatividade e eletricidade. Percebemos que a eletricidade está presente em eventos de diferentes magnitudes. Existe em grande quantidade nas grandes tempestades, com seus raios e trovões, mas ocorre também na pequenina lâmpada, quando ligamos o interruptor. A eletricidade é a mesma, o fenômeno é o mesmo, só que expresso com intensidades diferentes. A criatividade se processa da mesma forma. Todos somos portadores dessa energia criativa. Alguns vão apresentá-la de forma magnânima, gigantesca; outros vão irradiar a mesma energia só que de maneira suave, discreta. A energia é a mesma, a capacidade também, apenas distribuídas de forma diferenciada.

De forma simples e criativa, essa definição nos permite compreender o que é criatividade e como ela acontece nos seres humanos, com suas diferentes gradações. Partindo desse pressuposto, concluímos que somos todos criativos, somos todos capazes de produzir, construir, inventar novos objetos, coisas, ideias, ações, reformulações. Temos o poder de produzir elementos e conhecimentos novos, nascemos dotados desse potencial, trazemos como herança da espécie a habilidade de criar.

Só mais um aspecto deve ser acrescentado aqui. Concordamos que criatividade relaciona-se com a emergência de um produto novo, útil ou apropriado. Porém, é preciso explorar "quem" define se um produto é de fato inovador e de serventia para a comunidade. Nesse ponto, acrescentamos ao conceito de criatividade uma outra dimensão: o meio sócio-histórico-cultural. Quem define o que é ou não criativo é o contexto cultural de cada povo, seus especialistas, as pessoas possuidoras e construtoras do conhecimento, das artes, da ciência, dos costumes. Cada cultura terá um padrão de criatividade, e esse padrão será alterado ao longo do tempo histórico. É fácil verificar tal afirmação, ao analisarmos a trajetória de muitos artistas que foram agraciados ou não, pela sua sociedade em seus respectivos períodos de vida, com o reconhecimento de seus talentos e criatividade. Van Gogh pode ser considerado um bom exemplo. Lamentavelmente, enquanto vivo e produzindo, não gozou do prestígio e do alto apreço que possui hoje, pois a sociedade naquela época não se encontrava pronta para reconhecer o gênio escondido por trás dos inúmeros problemas que vivenciou.

Nessa perspectiva, é interessante considerar a posição sistêmica de Csikszentmihalyi (1988) que reforça essa visão mais abrangente do fenômeno ao afirmar que, se quisermos entender a criatividade, devemos procurá-la além dos limites do sujeito humano, de seus processos e produtos: devemos investigar seu meio social, seus valores e hábitos, enfim, sua cultura. É importante que busquemos compreender o processo de criar com base em uma nova dimensão, na qual se articulam aspectos referentes ao campo social, ao domínio específico de cada campo e ao indivíduo que organiza os dados herdados das instâncias anteriores.

Uma vez que apontamos para as inúmeras definições do fenômeno criativo e percebemos o panorama complexo que é a criatividade, torna-se interessante discutirmos por que necessitamos ser criativos.

Por que precisamos ser criativos?

Sempre precisaremos de criatividade! Esse fato é inegável.

Porém, a necessidade de desenvolver, com mais urgência, as potencialidades do sujeito humano surgiu, nas últimas décadas, em resposta aos novos desafios e problemas que a sociedade vem enfrentando com o crescente progresso tecnológico e científico. Estamos, constantemente, expostos a situações novas que exigem respostas originais como solução. Os padrões e estilos de vida da atualidade transformam-se muito rapidamente. Todos os dias deparamo-nos com situações diversas e incomuns a serem solucionadas. Somos obrigados a responder com criatividade às demandas da nossa época, sob pena de não alcançarmos soluções adequadas para nossos principais problemas e, consequentemente, não garantirmos nossa sobrevivência para o futuro.

Em meio aos conflitos próprios de nossa época, deparamo-nos com o uso limitado de nossas capacidades, seja por desconhecimento, seja por medo. A sociedade e seus representantes oficiais, a família e especialmente a escola, não têm se preocupado em nos instrumentar para o futuro. O ensino transmitido nas escolas comprometeu-se com o passado, sua transmissão e a manutenção de seus valores. O futuro, o que está por vir, o que deve ser construído, não faz parte do currículo acadêmico. Os problemas que nossas crianças enfrentarão no futuro certamente não serão os mesmos que a escola de hoje ensina, e muito menos como se instrumentar para lidar com o desconhecido. Outro aspecto que destaca a escola como instituição que desconsidera o potencial criativo dos indivíduos diz respeito à ênfase no treino do raciocínio lógico, em detrimento da imaginação e da fantasia, elementos indispensáveis para o processo criativo e de antecipação de problemas.

Não só na escola, mas também com relação à família, observamos a importância que os pais assumem no desenvolvimento do pensamento criativo de seus filhos. Muitos autores têm observado que o comportamento parental pode afetar de forma favorável ou desfavorável as habilidades criativas dos filhos. De acordo com Alencar (1993), alguns comportamentos dos pais, como restrição à manipulação e curiosidade dos filhos, desvalorização da fantasia e imaginação e a ênfase exagerada na divisão dos papéis sexuais, contribuem para bloquear o desenvolvimento da criatividade nas crianças. A construção de um autoconceito consistente e positivo também é tarefa da família e aspecto importante para a formação da personalidade criativa.

Autores renomados como Carl Rogers (1978) e Rollo May (1982) têm salientado a importância da atualização do potencial criativo e da necessidade de criar condições favoráveis à sua expressão, principalmente no contexto escolar. A satisfação e o prazer advindos de experiências que vêm ao encontro das necessidades do indivíduo, especialmente na aprendizagem, foram também ressaltados por esses teóricos como metas a serem adotadas pelos sistemas escolares.

Na visão de Rogers (1978), a criatividade é a expressão da tendência, inerente a todo ser humano, para desenvolver suas potencialidades e se autorrealizar. Para que ela ocorra, são necessárias algumas condições internas ao indivíduo, como abertura à experiência, falta de rigidez e maior permeabilidade a conceitos, opiniões, percepções e hipóteses, assim como uma maior tolerância à ambiguidade das situações ou ideias. É fundamental, porém, que o indivíduo tenha também um centro interno de avaliação, ou seja, uma sensação de satisfação íntima com a criação, independente do julgamento externo. Para que todas as condições internas possam ocorrer, faz-se necessária a presença de duas condições externas: a segurança e a liberdade psicológicas. A segurança psicológica ocorre quando o indivíduo é aceito como ele é, na sua unicidade e originalidade; quando o indivíduo se encontra num clima em que a avaliação exterior está ausente; e finalmente quando encontra uma compreensão empática, ou seja, quando é visto a partir do seu próprio ponto de vista e assim compreendido. A liberdade psicológica ocorre quando o indivíduo sente que pode ser ele próprio no seu mundo mais íntimo, que pode se expressar sem correr o risco de ser tolhido ou amarrado.

Pressupõe-se, com isso, que o indivíduo se encontra em um contexto de relações humanas positivas, favoráveis à valorização do seu "eu", ambiente de relações desprovido de ameaça ou desafio à concepção que o sujeito faz de si mesmo. É esse o ambiente favorável ao crescimento e ao desenvolvimento da criatividade e de um autoconceito positivo.

O desenvolvimento do autoconceito

O que vem a ser o autoconceito? Assim como a criatividade, as definições se revestem de vários aspectos peculiares, como se pode ver pelo Quadro 2. De forma geral, podemos dizer que o autoconceito refere-se à imagem que fazemos de nós mesmos, às crenças de nós mesmos, às atitudes internas que temos com relação a nós mesmos, sendo altamente influenciado pela percepção que temos dos outros sobre nós. Quando falamos de autoconceito ou de autoestima, estamos nos referindo às várias visões do si mesmo, o que inclui os vários papéis que assumimos e os atributos que fazem parte de nossa vida.

Quadro 2 – ALGUMAS DEFINIÇÕES DE AUTOCONCEITO

- "AUTOCONCEITO consiste das crenças que o indivíduo tem a respeito de si mesmo, nas quais ele baseia suas expectativas e, à luz dessas, os seus atos e realizações" (Peres 1966).
- "AUTOCONCEITO é composto por todas crenças e atitudes que o indivíduo mantém sobre si mesmo, e que determinam *quem* você é, *o que* você pensa que é e o que você pensa que pode *se tornar*" (Canfield e Wells 1976).
- "AUTOCONCEITO diz respeito à imagem subjetiva que cada pessoa tem de si mesma e que passa a vida tentando manter e melhorar. Ele é formado pelas crenças e atitudes que a pessoa tem a respeito de si própria, sendo altamente influenciada pela sua percepção do que os outros pensam dela. Constitui um determinante importante da pessoa que somos; determina ainda o que pensamos a respeito de nós mesmos, o que fazemos e o que acreditamos que podemos fazer e alcançar" (Alencar 1993).
- "AUTOCONCEITO se refere a quem e o que, consciente e inconscientemente, achamos que somos – nossas características físicas e psicológicas, nossos pontos positivos e negativos e, acima de tudo, nossa auto-estima". "A auto-estima é a disposição para experimentar a si mesmo como alguém competente para lidar com os desafios básicos da vida e ser merecedor da felicidade" (Branden 1991, 1995).

O autoconceito desenvolve-se cedo, desde os primeiros anos de vida, emergindo a partir das aprendizagens que o bebê realiza por meio da sua interação com as pessoas significativas que o cercam. Desde cedo, os adultos que fazem parte do ambiente da criança começam a dizer coisas sobre ela, sobre quem ela é, as qualidades e os defeitos que percebem nela, o que os deixa alegres ou tristes no seu comportamento e na sua forma de ser, ou seja, colocam-lhe rótulos. Como a criança pequena não tem ainda desenvolvidas as condições para perceber a extensão em que esses rótulos são ou não precisos, ela simplesmente aceita-os, sem questioná-los. Assim, ao ingressar na escola, a criança já carrega consigo esses conceitos sobre ela mesma, aos quais vai agregando as novas percepções advindas desse novo contexto social (Alencar e Virgolim 1993).

Conscientemente ou não, pais e professores influenciam na formação do autoconceito da criança. Assim, quando pais comparam seus filhos entre si e professores comparam o desempenho de um aluno com outro, estão ressaltando as deficiências e erros de cada um, aquilo que faltou no seu desempenho ou na sua personalidade que seguramente os distancia de algum ideal prefixado. Mas quando elogiam a criança, reforçam seus comportamentos positivos e demonstram sua confiança em suas capacidades e talentos, ou quando simplesmente deixam claro a extensão do seu amor, pais e professores estão dando à criança a oportunidade de englobar uma faceta muito positiva de si na imagem que tem dos outros sobre si mesma, levando-a a agir de forma a tornar real essa percepção. Num contexto em que a criança se sente amada e psicologicamente livre, não se sentirá obrigada a negar, dissimular ou deformar os sentimentos que percebe como "negativos", a fim de conservar o afeto ou a estima daqueles que lhe são caros. Segundo Rogers e Kinget (1977), quando o ambiente não oferece essa liberdade psicológica, a tendência da criança é colocar-se em uma atitude defensiva, que pode levar a diferentes desordens do sistema de comunicação interna ou, em resumo, à neurose. A criança passa a agir de forma a garantir o recebimento de amor e aprovação, não importa se suas ações são saudáveis ou não. Teoricamente, esse processo de avaliação pode não ocorrer, se a criança se sentir sempre apreciada, se seus sentimentos forem sempre aceitos, mesmo que a expressão desses comportamentos não possa ser sempre tolerada.

É importante que o indivíduo tenha consciência do seu próprio autoconceito. A atitude de viver conscientemente, para Branden (1991; 1995), é um dos seis pilares que constituem a nossa autoestima. Em suas palavras:

> ... viver conscientemente significa querer estar ciente de tudo o que diz respeito a nossas ações, nossos propósitos, valores e objetivos – ao máximo de nossa capacidade, qualquer que seja ela – e comportar-nos de acordo com aquilo que vemos e conhecemos. (Branden 1995, p. 98)

Sabemos que a autoconsciência é um processo que se aprende no decorrer do desenvolvimento. Nem tudo o que fazemos ou experienciamos é parte de nosso consciente. Passamos grande parte de nossas vidas imersos em condições inconscientes; basta refletirmos que nossa primeira infância, até os primeiros três anos de vida, se passa nesse nível e é no inconsciente que mergulhamos todas as noites. A partir dos três ou quatro anos de vida ocorre uma mudança mais significativa em termos de consciência; é o momento em que a criança começa a ter consciência de si própria, o que fica patente quando ela começa a utilizar o pronome "eu" (Jung 1988). Mas esse é um processo que demora para se configurar. Jung observa que só por volta dos dez anos de idade (ou às vezes mais tarde) é que algumas crianças tornam-se subitamente atingidas pelo clarão existencial: "Eu sou!". Pela primeira vez sentem a real sensação de estarem experimentando, vivenciando coisas, e passam a ter consciência de que houve um passado, no qual não tinham a consciência exata de estarem dele participando.

Na nossa sociedade, a escola tem um importante papel no processo de independência da criança com relação à sua família. A tarefa dos professores, na visão junguiana, não consiste apenas em meter na cabeça das crianças uma certa quantidade de ensinamentos, mas também em influir sobre as crianças, em favor de sua personalidade total. Para Jung (1988), as primeiras impressões recebidas na vida são as mais fortes e as mais ricas em consequências, mesmo sendo inconscientes, e assim permanecem por muito tempo, às vezes para sempre. Assim, o que é inconsciente fica inalterado, a menos que passe para a consciência. Se quisermos provocar alguma alteração – por exemplo, no conceito que uma pessoa formou sobre si mesma –, temos que torná-la consciente dos sentimentos e das sensações que compõem essa visão sobre si mesma.

Dessa forma, entendemos que se torna vital, no processo de desenvolvimento da criança, ajudá-la a tomar consciência de si mesma, do que ela é, do que pensa que pode se tornar e da percepção que tem dos outros a respeito de si mesma. A primeira parte dos exercícios propostos neste livro vem justamente trabalhar aspectos essenciais do autoconceito do indivíduo; é uma proposta para que os pais, professores ou terapeutas possam, conscientemente, ajudar a criança a tomar consciência dos seus próprios processos internos e abrir sua mente para o desenvolvimento mais completo de sua criatividade.

Criatividade e ensino

A investigação do fenômeno criativo tem gerado um núcleo de conhecimento sobre aspectos fundamentais da criatividade, como o processo criativo, as características de personalidade do indivíduo criativo, o produto e seus atributos de inovação, o papel da dimensão social no processo de criar, os quais, entre outros, muito têm favorecido o desenvolvimento de habilidades do pensamento criativo. O ensino da criatividade, trabalhado por meio de programas e treinamentos apropriados, constitui ferramenta estratégica para potencializar habilidades e talentos humanos. É impossível não relacionar essa emergente área de conhecimento com o universo escolar. As estratégias para o ensino do pensamento criativo encontram aplicação imediata em qualquer nível de ensino e adequação a qualquer proposta metodológica. A escola não pode dispensar tal oportunidade: a de aplicar os conhecimentos oriundos da Psicologia da Criatividade em suas atividades e propostas curriculares.

A família também não deve desperdiçar uma chance como esta, de participar ativamente na construção de traços de personalidade de suas crianças, compatíveis com um perfil criativo. Incentivando a curiosidade, propondo desafios inovadores e interessantes, reforçando uma autoestima positiva, permitindo o erro, promovendo um ambiente de conforto emocional e de tolerância para com o fracasso e as frustrações, os pais podem colaborar enormemente no processo de desenvolvimento das habilidades criativas de seus filhos.

Estudos realizados por investigadores interessados na relação criatividade e ensino apontam para mudanças que se fazem necessárias no contexto educacional. Neste final de milênio, caracterizado pela mudança e pela transição, a escola não pode, apenas, transmitir conteúdos com os olhos voltados para o passado. Não deve restringir-se a metodologias que enfatizem a memorização e a aquisição de conhecimentos, negligenciando o aspecto formador, experimentador e criador do saber. Precisa direcionar seu olhar para o futuro, exercitando a imaginação e a fantasia de seus alunos na tentativa de solucionar problemas e/ou situações que novos tempos sempre trazem.

Como bem pontua Libâneo (1992), o que se transmite hoje na pedagogia tradicional são, em larga medida, conhecimentos estereotipados, insossos, desprovidos de significados sociais e inúteis para a formação das capacidades intelectuais e para a compreensão crítica da realidade. Não nos admira que muitas crianças deixem de dar o melhor de si e literalmente desperdicem seu potencial por se recusarem a investir a maior parte de suas energias em um sistema que, para elas, torna-se sem sentido, sem objetivo, desligado da realidade que conhecem.

O que falta, em muitas escolas, é o verdadeiro sentido do ensino, atrelado ao prazer de aprender. Afinal, qual é o verdadeiro sentido da educação? Na opinião de Virgolim (1994):

> A educação deve se voltar para a busca de um modo mais saudável de aprender, fortemente vinculada aos aspectos positivos do comportamento humano: ajustamento, felicidade, prazer, satisfação, alegria verdadeira. A educação deve estar atrelada, prioritariamente, ao crescimento pessoal dos indivíduos, voltado também para o relacionamento interpessoal e pessoal, desenvolvendo nos alunos as potencialidades necessárias para que eles se tornem adultos psicologicamente sadios, criativos, conscientes e integrados. É este desafio que nossas escolas devem urgentemente enfrentar. (Pp. 66-67)

Sabemos que um dos ingredientes fundamentais da imaginação é o humor, ingrediente este em falta na maioria das nossas escolas. Em seu belíssimo livro *A gramática da fantasia*, Gianni Rodari (1982) reflete que a nossa escola é lúgubre, sem espaço para o riso ou para o humor. E quem nos disse que a escola deve ser essa coisa tétrica? Estamos perdendo terreno ao deixarmos de valorizar, também no ambiente escolar, os caminhos que nos levarão à felicidade, entre eles o prazer, a alegria e a diversão que o ensino pode conter. São esses os ingredientes básicos de uma vida criativa, que permitem que haja diferença entre a vida por sobrevivência e a vida por prazer. Lowen (1984) afirma que o prazer fornece a motivação e a energia ao processo criativo, estando indissoluvelmente ligado à realização. Para florescer, a criatividade precisa de terreno favorável, de uma atmosfera de liberdade onde o prazer é a força motriz. É o que vemos na atividade espontânea da criança, que vai da fantasia para a realidade de forma tão contínua, tão prazerosa, que nos ensina que a sanidade mental está bem longe da rigidez e da inflexibilidade do pensamento que somente conhece a lógica e o concreto.

Não se trata de negar a lógica, a razão, o analítico. Assim como a imaginação, a fantasia e a ambiguidade, eles também são estruturas do nosso pensamento, partes diferenciadas do nosso cérebro. Ambos os hemisférios têm funções diferenciadas, que devem ser utilizadas em momentos distintos do processo de criação, conforme nos ensina Von Oech (1988; 1994), de forma bastante bem-humorada, em seus livros *Um "toc" na cuca* e *Um chute na rotina*. Num primeiro momento, na *fase germinativa* do processo criador, as ideias devem "brotar" livremente, sem críticas de espécie alguma. Para essa fase, são muito importantes o humor, a brincadeira, a espontaneidade, o sonhar acordado, a fuga do pensamento tradicional para um pensamento até mesmo meio louco, sem amarras no tempo ou na realidade. É o momento de usar todas as artimanhas do pensamento produzido no hemisfério direito, que prima por ser metafórico, analógico, intuitivo, não verbal, aproximativo, fantasioso, imaginativo, brincalhão, capaz de lidar com contradições, com o diferente, o novo. É o que acontece, por exemplo, quando usamos técnicas como o *brainstorming* ou "tempestade de ideias", ou quando usamos analogias, metáforas ou a cinética. Para um entendimento mais completo dessas técnicas, o leitor deve reportar-se ao texto de Fleith (*apud* Alencar e Virgolim 1994).

Num segundo momento do processo de criar e de gerar novas ideias (a *Fase prática*, segundo Von Oech), o indivíduo "colhe" o resultado do que aprendeu através da avaliação das ideias produzidas; nesse momento o indivíduo critica cada ideia, adiciona ou subtrai aspectos daqui e dali, dá novo formato a outros, pesquisa e fundamenta cada uma das ideias produzidas. É o momento de usar plenamente as faculdades do hemisfério esquerdo, que é essencialmente lógico, preciso, exato, específico, analítico, concreto, consistente e bem apoiado à realidade.

Embora o senso comum dite que o hemisfério direito está mais associado às atividades criativas, sabemos que ambos têm seu papel e que devem ser utilizados no momento mais adequado ao processo criador. Se queremos matar uma ideia em sua nascente, basta criticá-la efusivamente ao ser apresentada, rir ou ridicularizá-la diante dos demais; e se quem a apresentou não desenvolveu ainda características de personalidade como persistência, independência de pensamento, autonomia e coragem para assumir riscos (como acontece frequentemente com a criança pequena, em estágio de desenvolvimento), teremos então a quase certeza de que seu pensamento criador, no nascedouro rico, espontâneo e divergente, passará por uma transformação radical, da qual restarão apenas a rigidez, o conformismo, a dependência de pensamento, a cópia e reprodução das ideias. Às vezes sem ter completa consciência disso, é esse o papel de nossos professores nos anos iniciais (e mais preciosos) da escolaridade de nossas crianças. Quem não conhece a história do Joãozinho que, depois de tanto ser avisado pela professora dos primeiros anos de que o céu não é rosa, a flor não é roxa e o elefante não é cor-de-rosa, não conseguia fazer outra coisa do que céus azuis, flores vermelhas e elefantes marrons? Como ficaria o Joãozinho quando, num futuro emprego, o chefe lhe pedisse que fosse criativo, ousasse em suas ideias, criasse com o coração? Acho que essa é a triste sina das nossas crianças massacradas pelo sistema educacional tradicional, repressivo e massificador.

Perante esse quadro, não é difícil perceber quanto potencial humano é desperdiçado na escola em consequência de sua estrutura retrógrada e de seu projeto educacional que almejam o futuro e ensinam voltados para o passado. Esse descompasso entre objetivos e métodos não tem permitido que a relação ensino-aprendizagem explore todo o campo em que atua. O aluno não é atendido em suas demandas, recebendo apenas suporte para o desenvolvimento de parte de seu potencial cognitivo. Como resultado final, obtemos recursos humanos não explorados e mal utilizados, manutenção de metodologias ineficazes e não apropriadas aos novos tempos, assim como desinteresse generalizado por parte de alunos e pais em relação ao projeto educacional.

Muitos estudiosos têm sugerido estratégias de como cultivar a criatividade em sala de aula. Torrance (1974) afirma que a tarefa de ensinar o pensamento criativo consiste em desenvolver nos alunos, entre outras coisas, as habilidades de perceberem lacunas, definirem problemas, coletarem e combinarem informações, elaborarem critérios para julgar soluções, testarem soluções e elaborarem planos para implementação das soluções escolhidas.

Para Davis (1987), ensinar criatividade envolve encorajar e reforçar algumas características da personalidade, como independência, curiosidade e humor; aplicar técnicas que estimulem o pensamento criador e favorecer o processo de conscientização da criatividade dos alunos.

Novaes (1979) cita alguns incentivos ao ensino criativo que podem ser utilizados pelo professor, como, por exemplo: encorajar os alunos a aprenderem sempre mais, de forma diferente e individualizada; estimular os processos de pensamento criativo; promover a flexibilidade intelectual; prover oportunidades para que eles não só manipulem materiais como também ideias e conceitos; e dar suporte afetivo e emocional aos alunos quando eles estiverem lidando com o fracasso, com a frustração e com problemas pessoais.

No intuito de promover um ensino criativo e auxiliar os estudantes a desenvolver seus talentos e habilidades, a escola não deveria dispensar as estratégias e os recursos propostos pela Psicologia da Criatividade. Neste livro, encontramos um elenco de exercícios que podem ser facilmente adaptados para os conteúdos de qualquer sala de aula: desde a pré-escola até o ensino de terceiro grau. Compete ao professor construir uma ponte que interligue conteúdos curriculares e métodos com as estratégias de ensino do pensamento criativo. Não podemos esquecer que crianças criativas despertarão com mais facilidade para seus potenciais, talentos e habilidades se orientadas por pais, terapeutas e professores também criativos.

Como desenvolver a criatividade

Segundo Alencar (1993), a criatividade é um recurso humano natural que tem sido severamente inibido por obstáculos de natureza emocional e social e por um sistema de ensino que tende a subestimar as capacidades criativas do aluno e a reduzi-las abaixo do nível das suas reais possibilidades. O ensino tem subestimado o potencial criativo de seus alunos por estar ainda fortemente vinculado a um modelo cognitivo que não reconhece o pensamento criativo como parte de sua estrutura. Desenvolver as habilidades criativas significa dotar o aluno da capacidade de criar, modificar, produzir, gerar novos conhecimentos, novos produtos, novos ganhos. A ênfase sai da reprodução para a produção de conhecimentos, da simples memorização para a modificação e uso da imaginação e compreensão de fatos e circunstâncias.

Uma possibilidade de explorarmos nosso potencial criativo reside na perspectiva de aprendermos a brincar com nossos pensamentos e ideias. Na nossa cultura, somos treinados para pensar de forma lógica, racional, concreta, "correta". Afinal de contas, para que vamos à escola? Para aprendermos a pensar "corretamente", seria uma das respostas; para sermos lógicos, formais e racionais, seria outra. Porém, alguns estudiosos que buscaram conhecer o processo de pensamento do homem levantaram pontos interessantes sobre as habilidades necessárias para a formação desse raciocínio "correto". Dentre eles podemos citar Guilford (1967), De Bono (1988) e Vygotsky (1987). O que esses pesquisadores evidenciaram é que o sujeito necessita de outros elementos para que seu pensamento ou raciocínio se desenvolva de forma mais integrada e completa. O sujeito necessita pensar de forma diferenciada, de maneira não formal, ilógica, metafórica, desestruturada; precisa mudar, alterar o modo como raciocina, divergir da maneira "correta". Integrando essas duas formas de pensar, o homem torna-se mais capaz de expressar o seu potencial mental e intelectual, que parece infinito.

Através das inúmeras estratégias para o desenvolvimento do pensamento criativo, é possível promover o crescimento de habilidades como fluência (quantidade de ideias produzidas), flexibilidade (habilidade de analisar uma situação sob várias perspectivas) e originalidade (habilidade de produzir ideias incomuns e diferentes), que constituem o núcleo do pensamento criativo. Também parece viável trabalhar os conteúdos emocionais e afetivos que funcionam como o combustível que impulsiona o processo de criar. Neste livro, apresentamos situações oportunas em que é possível exercitar todos esses aspectos que, ao serem treinados, facilitam e promovem respostas criativas, inovadoras e originais.

Concluímos então que *é possível ensinar criatividade ou ensinar criativamente*. A *oportunidade* surge a partir do desenvolvimento das habilidades do pensamento criativo; esse pensamento que diverge das normas, que é flexível, maleável, capaz de ver o novo no velho; que é fluente, original e complexo. O *como* manifesta-se por meio de programas, exercícios e técnicas existentes, testados e validados, que proporcionam amplos recursos para o desenvolvimento das habilidades criativas no contexto educacional, como também fora dele, no âmbito pessoal, familiar e terapêutico.

A criatividade apresenta-se como elemento indispensável na prática educacional e na vida diária. Surge como uma possibilidade de resgatarmos habilidades humanas preciosas que permitirão ampliarmos nossos conhecimentos como espécie. Se desenvolvemos nossas habilidades criativas, somos capazes de lidar com o futuro e suas incertezas, tornamo-nos aptos a criar novas formas de adaptação às novas demandas sociais e naturais, transformamo-nos, todos, em produtores do saber, em solucionadores de problemas. Por isso a escola, a família e a sociedade não podem dispensar a criatividade como elemento de vital importância em seus objetivos e metas de formação e educação do sujeito humano. Se pretendem formar indivíduos que vão viver no futuro, precisam considerar a importância de desenvolver as habilidades criativas de seus indivíduos para que possam adaptar-se e solucionar as questões e os problemas trazidos pelo progresso social, científico e tecnológico.

Ensinar criativamente parece simples e divertido. Exige que professores, pais ou qualquer pessoa interessada nessa prática sejam também pessoas criativas, que transformem seu material e seus métodos em propostas criativas de ensino. É uma possibilidade de transformarmos a tarefa de educar em algo prazeroso, capaz de modificar alunos, pais, terapeutas, professores, pessoas em geral e o mundo em que vivemos.

Bibliografia

ALENCAR, E.M.L.S. (1993). *Criatividade*. Brasília: Editora da UnB.

ALENCAR, E.M.L.S. e VIRGOLIM, A.M.R. (1993). "O professor e seu papel na formação do autoconceito". *Criança*, 25, pp. 11-12.

AMABILE, T.M. (1983). *The social psychology of creativity*. Nova York: Springer.

BRANDEN, N. (1991). *Auto-estima: Como aprender a gostar de si mesmo*. São Paulo: Saraiva.

_____. (1995). *Auto-estima e seus seis pilares*. São Paulo: Saraiva.

CANFIELD, J. e WELLS, H.C. (1976). *100 ways to enhance self-concept in the classroom: A handbook for teachers and parents*. Englewood Cliffs, N.J.: Prentice-Hall.

CSIKSZENTMIHALYI, M. (1988). "The domain of creativity". Trabalho apresentado em Congresso de Criatividade. Pitzer College, Claremont, EUA.

DAVIS, G. (1987). "What to teach when you teach creativity?" *Gifted Child Today*, pp. 7-10.

DE BONO, E. (1988). *Ninguém nasce sabendo pensar*. São Paulo: Círculo do Livro.

FLEITH, D.S. (1994). "Treinamento e estimulação da criatividade no contexto educacional". *In*: ALENCAR, E.M.L. e VIRGOLIM, A.M.R. (orgs.). *Criatividade: Expressão e desenvolvimento*. Petrópolis: Vozes.

FLEMING, J.S. e COURTNEY, B.E. (1984). "The dimensionality of self-steem: II. Hierarchical facet model for revised measurement scales". *Journal of Personality and Social Psychology*, 46 (2), pp. 404-421.

GOLDBERG, C. (1986). "The interpersonal aim of creative endeavor". *The Journal of Creative Behavior*, 20 (1), pp. 35-48.

GUILFORD, J.P. (1967). *The nature of human intelligence*. Nova York: McGraw-Hill.

HERRMANN, N. (1990). "Creativity, learning, and specialized brain in the context of education for gifted and talented children". *In*: TAYLOR, C.W. (org.). *Proceedings of Seventh World Conference on Expanding Awareness of Creative Potential Worldwide*. Salt Lake City, Utah: Brain Talent-Powers Press, pp. 86-103.

ISAKSEN, S.G. e TREFFINGER, D.J. (1985). *Creative problem solving: The basic course*. Buffalo, Nova York: Bearly Limited.

JUNG, G. (1983). *Fundamentos da psicologia analítica*. (Obras completas, v. 18). Petrópolis: Vozes.

_____. (1988). *O desenvolvimento da personalidade*. (Obras completas, v. 17). Petrópolis: Vozes.

LIBÂNEO, J.C. (1992). *Didática*. São Paulo: Cortez.

LOWENFELD, V. e BRITTAIN, W.L. (1977). *Desenvolvimento da capacidade criadora*. São Paulo: Mestre Jou.

LOWEN, A. (1984). *Prazer: Uma abordagem criativa da vida*. São Paulo: Summus.

MAY, R. (1982). *A coragem de criar*. Rio de Janeiro: Nova Fronteira.

NOVAES, M.H. (1979). *Desenvolvimento psicológico do superdotado*. São Paulo: Atlas.

NOLLER, R. (1977). *Scratching the surface of creative problem-solving*. Nova York: D.O.K. Publishers.

PERES, J.P. (1966). "O autoconceito das crianças". *Cadernos Região e Educação*, 6 (11).

RODARI, G. (1982). *Gramática da fantasia*. São Paulo: Summus.

ROGERS, C.R. (1978). *Tornar-se pessoa*. São Paulo: Martins Fontes.

ROGERS, C.R. e KINGET, G.M. (1977). *Psicoterapia e relações humanas*. Belo Horizonte: Interlivros.

STEIN, M.I. (1974). *Stimulating creativity. Individual procedures*. Vol.1. Nova York: Academic Press.

TORRANCE, E.P. (1965). *Rewarding creative behavior*. Englewood Cliffs, Nova Jersey: Prentice-Hall.

_____. (1974). *Pode-se ensinar criatividade?* São Paulo: E.P.U.

TREFFINGER, D.J.; SORTORE, M.R. e CROSS, J.A., JR. (1993). "Programs and strategies for nurturing creativity". *In*: HELLER, K.A.; MÖNKS, F.J. e PASSOW, A.H. (orgs.). *International Handbook of Research and Development of Giftedness and Talent*. Nova York: Pergamon Press.

VERVALIN, C.H. (1980). "Que es la creatividad?". *In*: DAVIS, G.A. e SCOTT, J.A. (orgs.). *Estrategias para la creatividad*. Buenos Aires: Editorial Paidós.

VIRGOLIM, A.M.R. (1994). "Criatividade e saúde mental: Um desafio à escola". *In*: ALENCAR, E.M.L. e VIRGOLIM, A.M.R. (orgs.). *Criatividade: Expressão e desenvolvimento*. Petrópolis: Vozes.

VON OECH, R. (1988). *Um "toc" na cuca*. São Paulo: Livraria Cultura.

_____. (1994). *Um chute na rotina*. São Paulo: Cultura.

VYGOTSKY, L.S. (1987). *La imaginación y el arte en la infancia*. México: Hispanicas.

parte 1

TRABALHANDO MINHAS EMOÇÕES E SENTIMENTOS

1. MEU NOME

☺

* O nome é parte muito importante da nossa vida. Ele é parte de nossa identidade.
* Use o espaço desta folha, da forma que você quiser, para escrever o seu nome. Se preferir, use lápis de cera, de cor ou hidrocor.

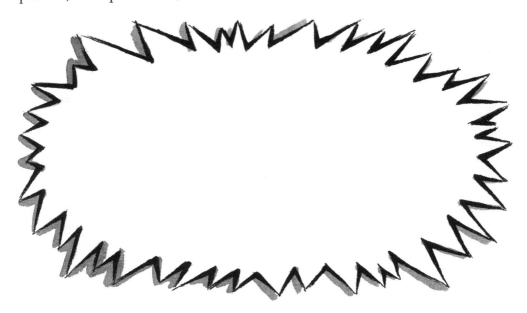

* Agora vamos desenhar o seu nome. Dê a ele a forma de um objeto, ou animal, ou flor, o que você quiser. Capriche para que ele represente mesmo você!

2. A HISTÓRIA DO MEU NOME

✳ Grande parte das pessoas tem uma história a contar sobre seu nome; por exemplo: quem o escolheu? Por quê? Ele tem algum significado? Procure saber a história do seu nome e escreva-a aqui.

✳ Se você não gosta do seu nome, ou de parte dele, diga também como gostaria de ser chamado.

_____
_____
_____
_____
_____
_____
_____
_____
_____
_____

✳ Os apelidos também fazem parte de nossa história de vida. Pense nos seus apelidos e escreva sobre como você se sente em relação a eles. Quem lhe deu esses apelidos e por quê? Você gosta deles? Como gostaria de ser chamado?

_____
_____
_____
_____
_____
_____
_____
_____
_____
_____

3. CARTEIRA DE IDENTIDADE

✱ Uma nova lei substituiu as antigas Carteiras de Identidade por um cartão muito mais pessoal, que mostra de verdade que tipo de pessoa você é. Preencha os dados abaixo com sinceridade para que você também possa receber sua nova Carteira de Identidade, direto em sua casa:

Eu me chamo _____

mas gosto de ser chamado por _____

Eu sinto "p r a z e r" em _____
_____

O que eu mais gosto em mim é _____

A palavra _____ *e o número* _____ *melhor representam a pessoa que eu sou.*

O que eu mais gosto de comer é _____

Eu me sinto realmente bem quando vou a lugares como _____
_____

Detesto quando alguém _____

Mas adoro quando alguém _____

Nas horas vagas eu gosto de _____
_____

Eu sou como _____
_____

35

4. QUEM SOU EU?

✱ Imagine que você conseguiu, através de um amigo, o endereço de uma pessoa da sua idade, que reside em outro país, interessada em conhecer e travar amizade com alguém do Brasil. É uma oportunidade interessante para você fazer mais um amigo (ou amiga), e você resolve escrever uma carta para ele (ou ela).

✱ Aproveite o espaço abaixo para escrever essa carta. Apresente-se, diga quem você é e comece a contar a essa pessoa tudo o que você achar interessante sobre você: sua aparência, suas atividades, seus interesses, sua família e seus amigos, e também os sentimentos que você tem sobre as coisas que relatar.

_____
_____
_____
_____
_____
_____
_____
_____
_____
_____
_____
_____
_____
_____
_____
_____
_____
_____
_____
_____
_____

✽ Agora leia a carta para você mesmo, imaginando que você é a pessoa desconhecida que recebeu sua carta. Escreva as suas reações à carta.

✱ Agora complete a sentença "Eu sou..." com as ideias que lhe vierem à cabeça.

Eu sou _____

Eu sou _____

Eu sou _____

Eu sou _____

Eu sou _____

Eu sou _____

Eu sou _____

✱ Você pode, também, escrever um poema intitulado "Eu sou..." e ilustrá-lo como preferir.

Eu sou _____

_____

_____

_____

_____

_____

5. EU SOU ASSIM

✸ Descreva você mesmo utilizando os símbolos e as figuras desenhados abaixo. Recorte os que mais têm a ver com você e monte uma imagem de si mesmo na página seguinte. Adicione os comentários que quiser.

✳ Colagem: EU SOU ASSIM...

6. AUTOINVENTÁRIO

✱ Todos nós temos nossos "pontos fortes", ou seja, coisas que fazemos bem e que nos fazem sentir orgulho de nós mesmos. Pense a respeito dos seus pontos fortes e preencha o que se pede abaixo:

1. Minhas habilidades e talentos: _____

_____
_____
_____
_____
_____
_____

2. Minhas áreas de conhecimento e experiência: _____

_____
_____
_____
_____
_____
_____

3. Meus traços de personalidade e qualidades positivas: _____

_____
_____
_____
_____
_____
_____
_____

4. Minhas realizações mais importantes: _____
_____
_____
_____
_____
_____
_____
_____
_____

5. As pessoas mais importantes da minha vida: _____
_____
_____
_____
_____
_____
_____
_____

Comentários: _____
_____
_____
_____
_____
_____
_____
_____
_____
_____
_____
_____

7. EXPLORANDO MINHAS HABILIDADES

Nesta coluna, liste tudo o que você sabe fazer muito bem.	Nesta coluna, liste tudo o que você sabe que faria bem se tentasse.	Nesta coluna, liste tudo o que você gostaria de aprender a fazer muito bem.

8. DESENHANDO MINHA MÃO

✱ Faça aqui o desenho das costas de sua mão. Você pode desenhá-la apenas olhando para ela ou usando-a como molde. Coloque as unhas, as linhas e os detalhes que você vê.

✱ Agora faça novamente o mesmo desenho, imaginando que é a palma de sua mão. Complete-a com as linhas mais fortes que você vê.

✱ No espaço a seguir, descreva sua mão. A única regrinha que você deve observar é escrever tudo na 1ª pessoa do singular (Eu sou...). Considere a cor, a textura, o cheiro, o gosto, a função, a mobilidade, a forma, as relações e tudo o mais que você puder pensar ao escrever sobre a sua mão.

_____
_____
_____
_____
_____
_____
_____
_____
_____

9. FAZENDO COMPARAÇÕES

✳ Renato acordou hoje de manhã e, ao olhar-se no espelho, comentou:
"*Minha cara está tão amarrotada quanto as roupas da minha gaveta, mas eu me sinto tão forte e poderoso como o Hulk, e verde de fome!*".

✳ Descreva agora, usando comparações, como *você* se sente hoje:

Hoje acordei me sentindo como _____

Minha cara se parece com _____

Gostaria de passar o dia como _____

Às vezes, gostaria de ser como _____

Comer _____ (algo que você detesta) é como _____

Comer _____ (algo que você adora) é como _____

Ter de fazer _____ (uma coisa boa) é como _____

Ter de fazer _____ (uma coisa ruim) é como _____

Ter de ir a _____ (um lugar de que você não gosta) é como _____

Ter de ir a _____ (um lugar de que você gosta) é como _____

Ir à escola é como _____

Ir ao circo é como _____

Ir a um cemitério é como _____

Ir ao zoológico é como _____

Viajar nas férias é como _____

10. SENTENÇAS INCOMPLETAS

✱ Complete as seguintes sentenças sobre você e seus sentimentos:

- *A coisa de que eu mais gosto que as pessoas admirem em mim é* _____
_____

- *Eu gostaria de que meus amigos* _____
_____

- *Eu gosto de mim porque* _____
_____

- *Eu me sinto melhor quando as pessoas* _____
_____

- *Eu gostaria de que meus pais* _____
_____

- *Eu gostaria de ser* _____
_____

- *O mundo seria muito melhor se as pessoas* _____
_____

- *A coisa que mais me preocupa atualmente é* _____
_____

- *Eu realmente perco a calma quando* _____
_____

- *A melhor coisa sobre o meu corpo é* _____
_____

- *Eu posso* _____
_____

- *Eu não posso* _____
_____

- *Não me deixam* _____
_____

- *Meu* _____ *favorito é* _____
_____

- *Eu gosto de fazer de conta que* _____
_____

- *Quando fico nervoso eu* _____
_____

- *Eu tenho medo de* _____
_____

- *Para afastar o medo eu* _____
_____

- *Eu gostaria de ter* _____
_____

- *Eu me orgulho de mim quando* _____
_____

- *Acho muito engraçado* _____
_____

11. QUANDO EU...

cole aqui um retrato seu de quando era criança

✱ Complete livremente o que se pede abaixo:

Quando eu era criança _____
_____

Meus melhores amigos _____
_____

Meus pais _____
_____

A minha família _____
_____

A minha casa _____
_____

A minha primeira escola _____
_____

O que eu mais queria era _____
_____

Meus lugares preferidos eram _____
_____
_____

A minha melhor lembrança de infância é _____
_____
_____

50

Quando eu completei........anos eu:	*Liste aqui tudo o que você pôde fazer quando completou..........anos:*
Inventei _____ 	
Senti _____ 	
Mudei _____ 	
Quando completar 60 anos, eu... _____ 	*Cole aqui uma gravura que melhor represente o que será mais importante para você aos 60 anos.*

51

✳ Desenhe um objeto da sua infância que foi muito importante para você.

52

12. BIOGRAFIA DOS MEUS CABELOS

✽ Desde que você nasceu, seus cabelos o têm acompanhado. Muitas mudanças aconteceram em sua vida, e eles estavam sempre ali, observando tudo.

✽ Se seus cabelos pudessem falar, o que será que eles diriam? Imagine que eles estão sendo entrevistados por você e que estão lhe contando como é sua vida de cabelo, os fatos de sua vida que foram importantes e tudo o mais que eles puderem lembrar.

✽ Relate tudo na primeira pessoa do singular.

_____
_____
_____
_____
_____
_____
_____
_____
_____
_____
_____
_____
_____
_____
_____
_____
_____

13. ÀS VEZES EU SOU COMO...

✱ Às vezes nos comportamos de diferentes formas, de acordo com a situação ou momento de vida. Algumas vezes gostamos do que fazemos, outras vezes não. No entanto, há sempre uma razão para justificar nossos atos. É importante tomarmos consciência dessas nossas diferentes formas de agir.

✱ Complete o que se pede, de acordo com as figuras abaixo:

Eu sou como um _____ quando: _____
_____
E isso me faz sentir _____
_____

Eu sou como uma _____ quando: _____
_____
E isso me faz sentir _____
_____

Eu sou como um _____ quando: _____
_____
E isso me faz sentir _____
_____

Eu sou como um _____ quando: _____
_____
E isso me faz sentir _____
_____

Eu sou como um _____ quando: _____
_____
E isso me faz sentir _____
_____

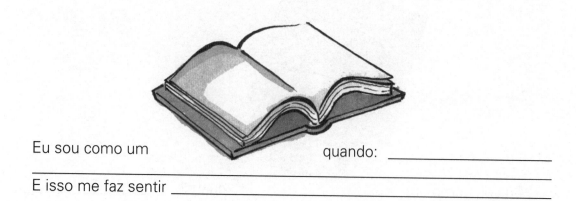

Eu sou como um _____ quando: _____

E isso me faz sentir _____
_____

Eu sou como um _____ quando: _____

E isso me faz sentir _____
_____

Eu sou como um _____ quando: _____
_____
E isso me faz sentir _____
_____

Eu sou como um _____ quando: _____

E isso me faz sentir _____

Eu sou como um _____ quando: _____

E isso me faz sentir _____

Eu sou como um _____ quando: _____

E isso me faz sentir _____

Eu sou como um _____ quando: _____

E isso me faz sentir _____
_____

Eu sou como um _____ quando: _____
_____

E isso me faz sentir _____
_____

Eu sou como um (uma) _____ quando: _____
E isso me faz sentir _____
_____

58

14. FAZENDO PLANOS PARA O FUTURO

✱ Qual foi o lugar mais legal que você conheceu? Recorte fotos ou gravuras desse local e cole-as aqui:

✱ Agora, pense qual o lugar que você mais gostaria de conhecer no futuro. Cole aqui gravuras desse lugar:

✳ Quantos irmãos você tem? Cole aqui fotos dos seus irmãos. Ponha uma foto sua também!

✳ Quantos filhos você acha que gostaria de ter no futuro? Recorte e cole no espaço abaixo gravuras que correspondam ao número de filhos que você deseja ter quando crescer. Escolha o sexo também.

✱ Na sua opinião, quem é a mulher (o homem) mais bonita(o) que você conhece? Cole no espaço abaixo uma foto ou gravura dessa pessoa. Pode ser mais de uma pessoa.

✱ Você já pensou como será a pessoa com quem você desejaria se casar? Imagine com quem gostaria de se casar e cole uma gravura ou desenhe uma pessoa que se pareça com o(a) seu(sua) futuro(a) esposo(a).

✳ Onde você estuda? Como é sua escola, sua professora, seus colegas? Desenhe ou cole fotos ou gravuras no espaço abaixo que representem a sua escola.

✳ Que profissão você quer ter quando crescer? Cole no espaço abaixo gravuras ou fotos que mostrem o que você quer ser no futuro.

15. RELAXAMENTO SIMPLES

✳ Sempre que for trabalhar com visualização e exercícios de imaginação, comece com esta técnica de relaxamento. Ela é a base para todas as atividades de relaxamento propostas neste livro.

- Sentado ou deitado, procure uma posição confortável para seu corpo.

- Feche os olhos e passeie pelo seu corpo com sua mente. Observe cada parte do seu corpo com muita atenção.

- Tente identificar se há alguma parte do seu corpo que esteja incomodada, tensa ou dolorida. Se houver, preste atenção nessa parte e converse mentalmente com ela, pedindo-lhe que relaxe, que se solte completamente. Sinta que seu corpo lhe obedece mansamente e que a tensão começa a sumir. Você sente o corpo cada vez mais pesado, como se fosse afundar no chão. Quando sentir que seu corpo se aquietou, esqueça-o.

- Observe agora sua respiração. Como ela se apresenta? Lenta ou apressada? Com que parte do seu corpo você respira? Em que local você percebe sua respiração? Ponha sua mão direita no local do seu corpo onde você respira. Fique assim por uns instantes.

- Agora, ponha sua mão direita na sua barriga, um pouquinho abaixo do umbigo. Traga sua respiração para esse local. Sinta o ar empurrando sua barriga para cima quando você inspira e para baixo quando expira. Respire 10 vezes pela barriga, imaginando cada número à medida que inspira e expira: um, dois, três, quatro... Quando completar a contagem, esqueça sua respiração que permanece na barriga.

- Com o corpo e a respiração bem calminhos e suaves, fique quieto por um tempinho. Se surgirem pensamentos na sua mente, deixe que eles entrem e saiam. Apenas observe.

- Aos pouquinhos, quando der vontade, comece a mexer com seu corpo suavemente, abrindo os olhos e levantando-se. Tudo isso bem devagar, em silêncio e com muita calma.

16. MINHA CASA

- ❏ Feche os olhos e relaxe profundamente.
- ❏ Pense na sua casa, o lugar onde você mora. Veja, com a sua mente, a sua casa. Você está do lado de fora dela, chegando à porta de entrada principal. Pare em frente à porta da sua casa e observe com atenção. Como é a porta de entrada da sua casa? Toque a campainha e entre em casa. Esse é o seu lar, o lugar onde você vive com as pessoas que ama, sua família. Passeie pela sua casa. Observe os móveis, em que posição eles estão, se estão limpos ou sujos. Sente-se neles, sinta se são macios ou duros. Observe a cor das paredes, os quadros, os objetos que você acha mais bonitos. Onde fica o telefone? E a televisão? Continue passeando pela sua casa. Vá até a cozinha, ao banheiro, aos quartos, entre no seu quarto. Como está o seu quarto? Limpo e arrumado ou a maior bagunça? Observe cada objeto que existe dentro dele. Veja sua cama, deite-se nela, sinta como é gostosa, macia, com o seu cheirinho nos lençóis. Agora levante-se da cama, olhe seu quarto mais uma vez e saia dele. Bem devagar, vá saindo de sua casa, passando pelos cômodos que você já visitou. Agora você chegou na porta principal por onde entrou. Saia de sua casa e feche a porta. Aos poucos, vá mexendo seu corpo e abrindo os olhos, voltando para o lugar onde você está agora.

✻ Após essa deliciosa viagem mental, faça algumas das atividades sugeridas abaixo e aproveite para inventar outras:

✻ Faça uma planta baixa da sua casa.

✳ Faça um desenho do que mais gostou na sua viagem pela sua casa.

✳ Procure em revistas de decoração objetos parecidos com os de sua casa. Recorte e cole aqui os objetos de que você mais gosta em sua casa.

✻ Tente explicar para seus colegas como é a sua casa (se precisar, use desenhos, quadro-negro, fotos, o que quiser). Cole aqui uma foto bem legal de sua casa.

✻ Faça uma maquete do seu quarto. Represente com objetos, brinquedos ou sucata a disposição dos móveis, objetos e outras coisas que existam no seu quarto.

✻ Faça uma poesia ou uma canção sobre a sua casa, o seu lar.

17. MEU QUARTO

✳ Procure uma posição bem confortável e prepare-se para ficar bem relaxado. Feche seus olhos, respire três vezes e deixe sua imaginação fluir.

✳ Pense no seu quarto. Com os olhos da sua imaginação, ande por ele, percebendo cada detalhe, a posição dos móveis e os objetos que se encontram nele. Você gosta dele? Se pudesse modificá-lo, que modificações faria?

_____
_____
_____
_____

✳ Imagine um quarto ideal. Como ele seria? Como seria sua cama? Que outros móveis teriam além dela? Que objetos você escolheria para colocar no seu quarto? Pense em tudo o que seu quarto teria para ficar do seu gosto. Depois escreva nos espaços abaixo como seria seu quarto ideal.

_____
_____
_____
_____

✳ Esse é seu próprio espaço e você tem a mais completa liberdade de convidar quem você quiser para estar nele. Quem você escolheria e por quê? Quem jamais entraria nele e por quê?

_____
_____
_____
_____

✳ Você é dono do seu quarto e tem o poder de decidir suas próprias regras. Pense nas coisas que você permitiria e nas que não permitiria no seu próprio quarto, e a quem tais regras se aplicariam. Faça uma lista do que "pode" e do que "não pode" no seu próprio quarto.

PODE	NÃO PODE

18. MINHA ESCOLA

✱ Procure visualizar sua escola. Veja as salas de aula, a sala do diretor, a cantina, o pátio de recreio, os professores, os colegas...

✱ Procure observá-la em cada detalhe. Desenhe a parte da escola que é mais importante para você.

✱ Provavelmente, ao pensar em sua escola, você também irá se lembrar de muitos acontecimentos engraçados, alegres, que ocorreram com você nesse local. Vai, também, perceber como é gostoso estar em contato com os colegas, os professores e as várias atividades desenvolvidas. Porém, é possível ainda que existam algumas coisas, na sua escola, das quais você não goste. Você poderia descrever algumas delas?

Na minha escola eu não gosto... _____

_____
_____
_____
_____
_____
_____
_____

✻ Que sugestões você poderia dar para que essas coisas ou situações se transformassem, tornando-se mais agradáveis para você e para os alunos em geral?

_____
_____
_____
_____
_____
_____
_____
_____
_____
_____
_____

✻ Sabendo o que pode ser mudado, imagine que você está tendo uma conversa interessante com a pessoa que tem o poder de mudar essas situações desagradáveis em sua escola. Imagine o que você diria para essa pessoa e o que ela lhe responderia. Transcreva esse diálogo para o espaço abaixo. Se preferir, escreva uma carta para essa pessoa, falando de seus sentimentos.

_____
_____
_____
_____
_____
_____
_____
_____
_____
_____
_____
_____

19. AMIGO IDEAL

✸ As pessoas possuem diferentes maneiras de ser e, muitas vezes, temos de pensar nisso ao convidar alguém para fazer alguma coisa com a gente. Há sempre um amigo ideal para cada tipo de coisa que gostamos de fazer.

✸ Recorte imagens e palavras de revistas, jornais etc., que caracterizem ou descrevam a pessoa com quem você gostaria de:

❏ **IR A UM *SHOW* DE *ROCK***

❏ **ACAMPAR**

72

❏ ABRIR UM NEGÓCIO

73

❑ **(VOCÊ COMPLETA)**

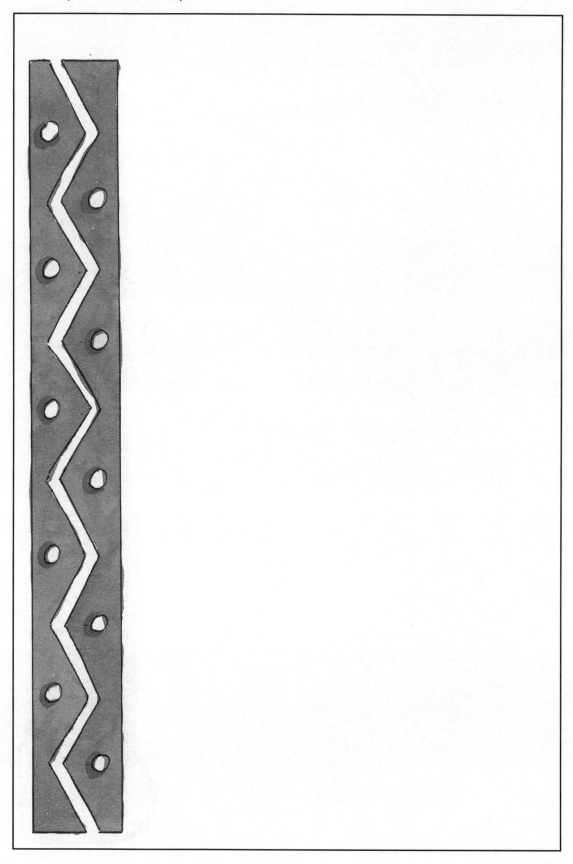

74

20. PRESENTEANDO ALGUÉM

✳ Imagine que amanhã é aniversário de uma pessoa de quem você gosta muito. Você tem muitas opções para presenteá-la e gostaria de escolher algo que fosse, de alguma forma, parecido com ela. Pense em cada uma das opções abaixo e diga o porquê de sua resposta.

✳ Se você comprasse para ela:

- Um animal, que animal seria esse? _____
  Por quê? _____
- Uma flor, que flor seria? _____
  Por quê? _____
- Um livro, de que tipo seria? _____
  Por quê? _____
- Um pacote turístico, que lugares estariam incluídos? _____
  Por quê? _____
- Uma bebida, qual seria? _____
  Por quê? _____
- Um disco, que disco seria? _____
  Por quê? _____
- Um jogo, que jogo seria? _____
  Por quê? _____
- Uma cesta de frutas, que frutas seriam escolhidas? _____
  Por quê? _____
- Um sabonete perfumado, que perfume teria? _____
  Por quê? _____
- Uma camiseta com dizeres, o que estaria escrito? _____
  Por quê? _____
- Uma miniatura, de que seria? _____
  Por quê? _____

21. GOSTAR

✱ Do que você mais gosta...

❏ *Em seu melhor amigo? Por quê?* _____
_____
_____

❏ *Em seu pai? Por quê?* _____
_____
_____

❏ *Em sua mãe? Por quê?* _____
_____
_____

❏ *Em seus irmãos? Por quê?* _____
_____
_____

❏ *Na sua professora? Por quê?* _____
_____
_____

❏ *Em seu ....? Por quê?* _____
_____
_____
_____

❏ *Em seu ....? Por quê?* _____
_____
_____
_____

22. PASSEANDO PELO ARCO-ÍRIS

✱ Feche os olhos, respire profundamente e relaxe o corpo.

✱ Vamos embarcar em um arco-íris e fazer uma linda viagem pelo mundo das cores. Procure estar atento às sensações que surgirem e a todas as imagens que se formarem na sua mente, enquanto viajamos pelo mundo das cores.

❑ Imagine que, de repente, você ganhe um lindo par de asas, assim como os anjos. De posse dessas asas, você pode voar bem alto, para o meio das nuvens. Você está voando agora. Está se sentindo leve... feliz... tranquilo... Bem à sua frente aparece um arco-íris. Ele é tão bonito e suas cores tão vibrantes que você não resiste e... mergulha nele, bem na cor vermelha. Agora tudo em volta de você é puro vermelho, forte, grandioso. Observe bem esse espaço vermelho onde você está agora. O que você sente? A cor vermelha lembra... Como é estar no vermelho? Continue andando por esse mundo vermelho... Preste atenção, pois o vermelho está se transformando... Você está mudando de faixa no arco-íris. Agora tudo está ficando... laranja. Observe bem a cor laranja. Que sensações essa cor lhe transmite? Qual o sentimento de estar no laranja? Pense em alguns objetos ou coisas que tenham essa cor. Olhe para suas mãos. Você tem um pincel na mão neste momento. O que você pintaria de laranja? O laranja é engraçado e divertido. Brinque na faixa laranja do arco-íris... Ao seu lado, eis que surge uma lata de tinta, aberta. Você pega o pincel e mergulha na lata... Quando o retira, vê que ele está molhado de tinta amarela. Tudo agora é amarelo. Você mudou novamente de faixa no arco-íris. Observe o amarelo. Veja como é forte essa cor. Como você se sente em um mundo amarelo? Quais são seus pensamentos? Qual é a coisa mais amarela que você conhece? Quais os sentimentos que são amarelos? Que animais deveriam ser amarelos? Mais uma vez tudo começa a mudar de cor. Olhe bem à sua volta e veja a nova cor que chega. É o... verde. Quais são os sentimentos verdes? E o gosto do verde, qual é? Como você se sente em um espaço totalmente verde? A cor verde acalma, traz o silêncio. Nesse momento a calma toma conta do local onde você está. Bem devagar, você percebe que está mudando de faixa no arco-íris, novamente. O verde vai embora e dá espaço para o... azul. Que delícia... Que tranquilidade... Agora você entende por que as pessoas falam "está tudo azul"! Que emoções você sente nesse mundo azul? Que pessoas você acha que deveriam

77

morar em um mundo azul? Que objeto, coisa, elemento ou ser, que são azuis, você mais gosta de olhar? O azul começa a se transformar. Nova cor está chegando. Sua viagem pelo arco-íris continua. O mundo começa a ficar... roxo. O roxo é a cor que surge quando misturamos o azul com o vermelho. É uma cor forte, vibrante, com cara de... Se você fosse desenhar um rosto para a cor roxa, como ele seria? Quais são os seus sentimentos na faixa roxa do arco-íris? Quais seriam seus pensamentos? O roxo começa a se modificar. Você vai conhecer agora a última faixa do arco-íris. É como se gotinhas brancas começassem a cair na faixa roxa e ela se transformasse em... lilás. O lilás é tão clarinho que às vezes se confunde com o branco. Você está nessa faixa lilás. O que você sente? Que pensamentos chegam à sua mente? Qual a sua emoção nesse momento? Qual é a cara do lilás? Quem é lilás? Que objetos a cor lilás lhe faz lembrar?

- Agora sua viagem pelo arco-íris chegou ao fim. Escorregue nele, como se fosse um enorme escorregador colorido, e chegue a terra. Ponha os pés no chão e observe à sua frente. Há um objeto no final do arco-íris. Ele é seu. Pegue-o e vá embora.
- Lentamente, volte ao local onde está, abrindo os olhos e mexendo o corpo, bem devagar e em silêncio.
- Procure se lembrar de todas as sensações que você teve em seu arco-íris e, sem palavras, faça um desenho do que mais gostou em sua experiência e o que encontrou no final do arco-íris. Depois compartilhe essa experiência com alguém.

❏ Abaixo, seguem sugestões de outras tarefas que podem ser realizadas após o exercício do arco-íris. Você também pode inventar alguns exercícios a partir de suas próprias ideias.

* Pegue uma folha de papel em branco e pinte. Pinte todas as cores que você visitou no arco-íris. Pinte do jeito que quiser, usando as formas que quiser.

* Tente fotografar um arco-íris.

* Faça uma pesquisa científica sobre o arco-íris. Descubra que fenômenos da natureza promovem esse espetáculo tão bonito.

* Com as 3 cores primárias (azul, amarelo e vermelho), realize experiências, misturando cores e observando o resultado. Experimente, brinque, invente cores diferentes.

* Procure na natureza as cores do arco-íris. Registre esses dados com fotos ou com os próprios objetos/elementos que você encontrar.

❏ **MINHAS ANOTAÇÕES:**

_____
_____
_____
_____
_____
_____
_____
_____
_____
_____
_____
_____
_____
_____
_____

23. GALERIA DE PERSONAGENS

✱ O quadro abaixo traz o nome de diversos personagens. Pense em cada um deles e em suas principais características. Depois escolha alguns e escreva o que você poderia ter em comum com cada um deles:

> O Patinho Feio   Pelé
> A bruxa da Branca de Neve
> Patati Patatá   Einstein
> A Bela   A Fera   Pinóquio
> Faustão   Tio Patinhas
> Peter Pan   Spielberg   Mônica
> Cebolinha   Silvio Santos   Cascão
> Papai Noel   Magali   Batman
> Um dos Três Porquinhos
> O Professor Pardal   Franjinha
> O Mago Merlin   Cinderela
> Super Homem   Mulher Maravilha
> Luciano Huck   Neymar
> Invente seu personagem ....

80

24. TORNANDO-SE GENEROSO

Desenhe aqui o que você gostaria de dar a alguém que você ama muito!	Escreva um bilhete a alguém que lhe deu algo muito especial!
Pense no maior número possível de formas de dizer "obrigado" a alguém.	O que você daria a alguém que você não conhece?

25. MÓVEIS FALANTES

✲ Imagine o que aconteceria se os objetos falassem? O que eles teriam a dizer a você?

✲ Imagine o que falariam...

- *sua escova de dentes?* _____
_____

- *sua escova de cabelo?* _____
_____

- *o espelho do seu banheiro?* _____
_____

- *seu lápis?* _____
_____

- *seu brinquedo predileto?* _____
_____

- *seus sapatos?* _____
_____

- *seu cobertor?* _____
_____

- *seus livros?* _____
_____

- ....? _____
_____

- ....? _____
_____

- ....? _____
_____

- ....? _____
_____

26. RELAXAMENTO E VISUALIZAÇÃO COM MÚSICA

✳ Use os seguintes recursos para este exercício:
- ❏ diferentes estilos de música, como: música popular, clássica, sertaneja, músicas suaves, alegres, tristes etc...
- ❏ papel, lápis de cor, giz de cera, canetas coloridas, tinta, o que quiser para pintar e desenhar.

Passo 1: Escolha três músicas com estilos bem diferentes, como por exemplo: uma música suave, outra agressiva e outra em ritmo alegre.

Passo 2: Procure uma posição confortável e faça um relaxamento (como sugerido no exercício de relaxamento simples).

Passo 3: Após o exercício de relaxamento, ouça a primeira música selecionada. Se preferir, coloque a música duas vezes para tocar; procure escutar com muita atenção a melodia, tente "viajar", "entrar", "perceber" o sentido da canção, o que ela representa para você.

Passo 4: Ao término das duas apresentações da primeira música, em silêncio, desenhe a música que escutou. Procure colocar no desenho toda a emoção que a música despertou em você.

Passo 5: O mesmo procedimento deverá ser realizado com as outras duas músicas escolhidas. Ao final, coloque seus desenhos na parede e comente sua experiência com alguém ou escreva as sensações que elas lhe causaram.

1ª MÚSICA

2ª MÚSICA

3ª MÚSICA

27. O "FURO" JORNALÍSTICO

✱ Imagine que, em alguma data futura, você terá feito alguma coisa tão notável que será notícia em todos os jornais e telejornais da época.

✱ Escreva essa notícia no espaço abaixo, como se você fosse o repórter que acabou de descobrir o "furo" jornalístico:

28. A LOJINHA MÁGICA

Procure uma posição bem confortável e se prepare para mais uma viagem ao mundo da fantasia... Deixe seu corpo ficar bem leve... leve... tão leve que você se sente como uma pena... E você vai subindo pelo céu até chegar a uma nuvem... Deite-se na nuvem... Sinta que ela o envolve completamente, e uma sensação de segurança e liberdade toma conta de você... A nuvem o leva para uma viagem muito agradável pelo céu... Você, deitado, consegue ver bem a paisagem lá embaixo... os rios... os campos... o verde das plantações... o mar... Você sente uma brisa gostosa, o calorzinho do sol... e continua seu passeio... Mas aos poucos a paisagem vai mudando... e você começa a ver sinais de queimadas lá embaixo... A paisagem torna-se sombria, escura, triste... E de repente você percebe que a vida, toda a vida no mundo, acabou. Apenas você restou, lá em cima, observando tudo... Você sabe que alguma coisa precisa ser feita... De repente, você enxerga lá embaixo as luzes de uma cidadezinha... Luzes que lhe chamam a atenção, como se alguma coisa muito diferente pudesse estar acontecendo naquela cidadezinha... A nuvem começa a baixar, e você dá um sinal mental a ela para ir até o chão... Você desce da nuvem e começa a andar, olhando tudo ao seu redor. Como é essa cidade? O que você observa? Você continua a andar... segue por uma ruazinha... até que uma luz saindo de uma casa chama sua atenção... Você se aproxima e percebe que é uma lojinha... Na frente há uma vitrine... Chegue perto, passe a mão na vitrine para enxergar melhor o que está lá dentro... De repente, a porta se abre com um barulhinho... e sai lá de dentro um velhinho muito simpático... Ele olha pra você com um sorriso nos lábios e se aproxima... Ele está lhe dando boas-vindas e diz: "Que bom que você chegou! Eu estava justamente esperando por você! Venha, entre, vou lhe mostrar minha loja...". E você entra na lojinha, muito curioso sobre o que está lá dentro... E o velhinho continua a falar: "Você viu que o mundo acabou, não é mesmo? Toda a vida foi exterminada do planeta Terra, e você foi a única pessoa que sobrou... Mas nem tudo está perdido... Na verdade, eu venho de um outro planeta e fui designado para uma missão muito importante: ajudá-lo a salvar a Terra. Você é a única pessoa que pode fazê-lo. Para isso, você vai escolher um objeto aqui na minha lojinha... Esse objeto que você escolher vai ajudá-lo a trazer a vida de volta ao seu planeta... Vá, olhe tudo e faça sua escolha...". Você então começa a olhar em volta e percebe que a loja tem dezenas de prateleiras, cheias dos mais diferentes objetos... Você anda pela loja e observa que ali existem todos os objetos que sua imaginação é capaz de pensar... objetos do presente, do passado e mesmo do futuro... Caixinhas de sentimentos... Passe um tempo olhando cada coisa, suas formas e cores, sua textura, sabor... Olhe tudo com cuidado e faça sua escolha... Qual desses objetos poderá ajudá-lo em sua missão? Quando você sentir que está diante do objeto certo, pegue-o, e leve-o até o velhinho. Mostre a ele o objeto e diga-lhe que essa é a sua escolha... O velhinho olha pra você e, com um sorriso, diz: "Você fez a escolha certa! Eu sabia que poderia contar com você! Mas para levar este objeto, você deve deixar alguma coisa em troca, desde que não seja dinheiro". Então você pensa: o que poderá dar ao velhinho em troca do objeto que vai ajudá-lo a salvar o mundo? Pense no que você poderia dar a ele e faça a troca... O velhinho fica muito contente e vocês se despedem um do outro... Você sai da loja, carregando seu objeto... e faz o mesmo caminho de volta... Chega até a nuvem, que o estava esperando... Sobe na nuvem... Ela carrega você de volta aos mesmos locais por onde você havia passado... Sinta que o objeto que você traz consigo começa a fazer efeito... A vida lentamente volta ao que era antes... Você pede então à nuvem que sobrevoe sua cidade... Você vê sua casa... Vê as pessoas das quais você gosta... Sente que finalmente a paz volta a reinar... A nuvem então sobrevoa esse local e você pede a ela que desça até onde você se encontra agora... Sinta que você volta ao seu corpo... Sinta cada músculo do seu corpo, mexa as mãos, os pés... Quando sentir que é seu momento, abra os olhos bem devagar... Não converse.

✱ Pegue lápis de cor ou canetinhas hidrocor e faça um desenho do objeto que você trouxe para salvar o mundo.

✱ Compartilhe sua viagem e seus sentimentos com outras pessoas.

29. FIGURAS E EMOÇÕES

☐ Observe bem as figuras abaixo e escolha:

a de que você mais gosta	a de que você menos gosta
a mais bonita	a mais feia
a mais antipática	a mais engraçada
a mais burra	a mais inteligente

✻ Discuta com o grupo suas respostas. Será que há alguma razão para essas escolhas?

30. NOSSOS SENTIMENTOS

✳ Descubra quais figuras representam melhor os sentimentos listados na coluna abaixo:

zangado

cansado

com medo

amigo

amado

machucado

forte

doente

curioso

envergonhado

confuso

em paz

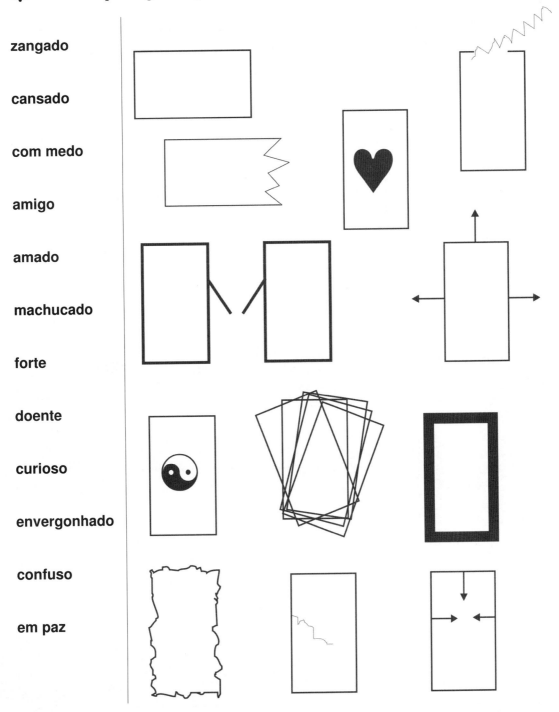

89

31. DESENHANDO PALAVRAS E EMOÇÕES

✴ Procure representar, com desenhos, o que as palavras podem sugerir. As palavras "chuva" e "medo" servem de exemplo. Depois é sua vez de deixar a imaginação rolar e representar com desenhos outras palavras que você lembrar...

CHUVA	MEDO	DEITADO

ALTO	BAIXO	SAUDADE
DEPRESSÃO	**CALMA**	**ÓCULOS**
....	....	....
....	....	....

90

✳ Invente os seus próprios desenhos para representar outros sentimentos.

32. AGENDA

✱ Imagine que você está vivendo um fim de semana no ano de 2.500. Que idade você teria? Quais seriam seus compromissos? Como seria sua agenda? Deixe sua imaginação rolar e procure ser criativo em suas ideias!

_____

Data: ___/___/2500

Sábado
Saturday
Samedi

Pensamento do Dia!

[   ]

8 horas _____

10 horas _____

12 horas _____

14 horas _____

16 horas _____

18 horas _____

20 horas _____

22 horas _____

NOTAS: _____
_____
_____
_____

Data: ___/___/2500

Domingo
Sunday
Dimanche

Pensamento do Dia!

8 horas _____

10 horas _____

12 horas _____

14 horas _____

16 horas _____

18 horas _____

20 horas _____

22 horas _____

NOTAS: _____

33. PRESIDENTE DA REPÚBLICA

✳ Se você fosse o Presidente da República, o que você:

- Criaria _____
_____

- Mudaria _____
_____

- Continuaria _____
_____

- Aceitaria _____
_____

- Desistiria _____
_____

- Respeitaria _____
_____

- Entenderia _____
_____

- Esqueceria _____
_____

- Projetaria _____
_____

- Lutaria _____
_____

- Lembraria _____
_____

34. DESENHANDO PALAVRAS

✳ Entre em contato com seus sentimentos.

✳ Desenhe, nos espaços abaixo, usando apenas linhas, formas e cores, os seus sentimentos de:

ALEGRIA	TRISTEZA
AMOR	RAIVA

PAZ	VIOLÊNCIA
ENERGIA	PREGUIÇA

35. O OBJETO MISTERIOSO

❋ Procure uma posição confortável e faça um relaxamento rápido. Respire três vezes, e prepare-se para fazer uma viagem interna, seguindo seus próprios pensamentos.

- ❑ Imagine que você está andando por uma rua solitária, quando vê, na próxima esquina, um disco voador. Você fica espantado, dá um grito... e os pequenos seres extraterrestres que estão em volta da nave se assustam mais ainda, sobem no disco e desaparecem imediatamente numa nuvem de luz. Você chega correndo ao local onde a nave esteve pousada e descobre que eles esqueceram no chão um objeto... Aproxima-se, receoso, e, percebendo que ele não oferece perigo, pega o objeto, olhando-o atentamente... Você observa bem cada detalhe desse objeto... Como é sua textura, sua forma, suas cores? Qual é a sensação que você tem ao segurá-lo? Quais os sentimentos que você experimenta nesse momento?

- ❑ Passe um bom tempo com ele nas mãos, até perceber bem todos os seus detalhes. Para que ele serve? Faça todas as experiências que você puder, a fim de descobrir sua utilidade. Se você perceber que é um objeto útil, fique com ele, deixando no seu lugar algum presente para os seres extraterrestres, que certamente voltarão para buscar o objeto perdido. Se você preferir deixá-lo onde achou, deixe alguma mensagem escrita para os ETs. Quem sabe o pouco que você tem a dizer a eles pode ajudar na conquista da paz interplanetária?

❋ Agora abra os olhos e use o espaço em branco da página seguinte para fazer o seu desenho. Procure representar todos os aspectos importantes do que você viu ou percebeu nesse objeto. Não importa se você sabe ou não desenhar bem; importa que você expresse de alguma forma o que você experimentou.

❋ Escreva também (ou comente, se o exercício foi feito em grupo) todas as utilidades que você percebeu no objeto e o que você resolveu fazer com ele. O que você deixou em troca para os ETs?

❋ Não esqueça de comentar como você se sentiu fazendo esse relaxamento e como se sente agora, depois de desenhar e falar sobre sua viagem interior.

_____
_____
_____
_____

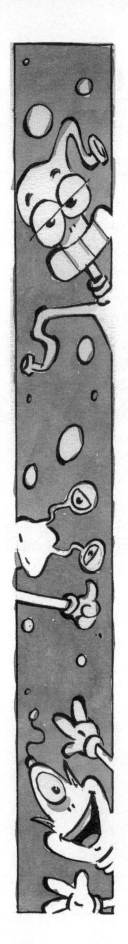

36. CHEIROS EXÓTICOS

✱ Eu adoro o cheirinho de ....

✱ Selecione os cheiros mais exóticos e interessantes que você conhece e coloque uma amostra de cada um deles aqui nesta folha. Identifique cada um nas linhas pontilhadas.

99

37. A LAGOA AZUL

✳ Relaxamento com imagens sensoriais.

✳ Procure uma posição confortável, feche os olhos e relaxe profundamente.

Visualize um ambiente ao ar livre. Um espaço com muitas árvores, flores, pedras, grama e pequenos animais. Observe uma cachoeira muito bonita, jorrando água pura e cristalina que, ao cair, forma uma linda lagoa, muito azul. Você está descalço, caminhando nesse ambiente maravilhoso. Sinta seus pés pisando no chão, na terra seca, na terra úmida, nos pedregulhos, na grama... Aproxime-se da lagoa e da cachoeira. Escute o barulho da água jorrando da cachoeira. Sinta os respingos no seu rosto e corpo. Molhe suas mãos na água da lagoa. Agora, sente-se na grama e observe o ambiente ao seu redor. Que cheiros você sente? Cheiro de flores? De terra molhada? Concentre-se nos odores que existem nesse ambiente. Procure senti-los de forma bem nítida. Olhe à sua direita. Existe um arbusto bem verde com frutinhas vermelhas e redondinhas. Pegue uma fruta e prove. Qual é o seu gosto? Saboreie a fruta, coma mais uma, se quiser. Levante-se e caminhe bem devagar até a lagoa. Dê um belo mergulho e caia na água. Perceba como é fresca a água, tão reconfortante... Nade, se quiser... Brinque... Pertinho de você está passando um cardume de peixinhos coloridos. Preste atenção no barulhinho que eles fazem ao nadar. Acompanhe os peixinhos, mergulhe com eles: você pode respirar e enxergar muito bem dentro d'água. Olhe bem para o fundo da lagoa. Como é a vida no fundo de uma lagoa? Quais as cores que existem dentro d'água, bem no fundo? Observe tudo com muita atenção. Procure sentir o cheiro das coisas que você vê, o barulho que elas fazem, a textura de cada objeto ou ser que você toca. Bem devagar, volte para a superfície da lagoa. Prepare-se para sair dela, sempre devagar e em silêncio. Aos poucos, você vai deixando esse lindo lugar. Despeça-se e agradeça à natureza por este belo momento. Quando sentir vontade, abra os olhos, mexa seu corpo e retorne para o lugar onde você está agora.

✳ Aproveite a viagem que você fez à Lagoa Azul, expressando suas impressões através das tarefas sugeridas abaixo. Se quiser, invente outras tarefas.

✳ Dentre as músicas que você conhece, qual delas poderia servir como fundo musical para a viagem que você acabou de fazer? Você gostaria de inventar uma música que pudesse ser o tema da Lagoa Azul?

_____
_____
_____
_____
_____

✱ Imagine uma história com final feliz e uma com final triste que se passam na Lagoa Azul.

_____
_____
_____
_____
_____
_____
_____
_____
_____
_____
_____
_____
_____
_____

✱ Invente um nome para a frutinha que você provou em sua viagem. Escreva uma receita ou uma fórmula secreta que utilize essa frutinha entre seus ingredientes.

_____
_____
_____
_____
_____
_____
_____
_____
_____
_____
_____
_____
_____
_____

✱ Desenhe a sua Lagoa Azul. Desenhe a imagem mais nítida que você teve e que mais o impressionou.

38. IMAGINE SE...

✱ Pense sobre as seguintes situações imaginárias e responda:

❏ Se você fosse se casar hoje à noite, com quem se casaria e por quê?
___
___
___
___
___
___

❏ Se você pudesse "entrar" no corpo de um animal por um dia, qual o animal que você escolheria para habitar? O que você faria?
___
___
___
___
___
___
___

❏ Se você ganhasse um milhão de dólares para ir embora do Brasil e nunca mais voltar, o que você faria? Para onde você iria? Com quem? O que levaria?
___
___
___
___
___
___

❏ Foi inventada uma máquina que responde corretamente a qualquer pergunta. Mas apenas uma pergunta pode ser feita. Pode ser sobre o passado, presente ou futuro. Que pergunta você faria?
___
___
___
___
___
___

❏ Se você pudesse viver a vida de uma outra pessoa por um dia, fazendo tudo o que ela faz, possuindo tudo o que ela tem, quem você escolheria? O que você gostaria de fazer sendo essa outra pessoa?

_____
_____
_____
_____
_____
_____
_____

❏ Dizem que todos no mundo, um dia, terão seus 15 minutos de fama. Imagine que você ficará superfamoso amanhã, por 15 minutos. Que tipo de coisa você fez que o deixou famoso?

_____
_____
_____
_____
_____
_____
_____

❏ Um anjo desceu à Terra e lhe deu a chance de conhecer quem você será na próxima reencarnação. Onde você estará vivendo? Como serão seus pais, sua família, sua vida? Que tipo de pessoa será você?

_____
_____
_____
_____
_____
_____
_____

❏ Se você encontrasse um pauzinho de picolé premiado, cujo prêmio só pudesse ser uma única coisa que coubesse no seu bolso, que prêmio seria esse?

_____
_____
_____
_____
_____
_____
_____

39. O TRIÂNGULO DAS BERMUDAS

* Algumas pessoas acreditam que exista, no meio do oceano, uma zona chamada "Triângulo das Bermudas", onde tudo que passa por lá – seja pelo céu ou pelo mar – desaparece sem deixar vestígios. Inúmeras histórias já foram contadas, e você já pode ter ouvido falar delas. Dizem que os aviões, barcos e submarinos que passam por essa região desaparecem misteriosamente. Alguns imaginam que nessa área existem discos voadores que capturam as pessoas, mas ninguém sabe ao certo o que realmente acontece por lá.

* Agora imagine que você tenha passado pelo Triângulo das Bermudas e também tenha desaparecido. Mas acontece que você consegue voltar e resolve dar uma entrevista, contando tudo o que aconteceu com você.

* Conte a sua experiência. Como tudo aconteceu? Em que lugar você foi parar? Quem – ou o que – levou você para esse lugar? O que você viu de diferente para contar aos jornalistas?

* Escreva sua experiência contando todos os detalhes. Faça, na página seguinte, um desenho do que foi mais emocionante ou marcante para você.

_____
_____
_____
_____
_____
_____
_____
_____
_____
_____

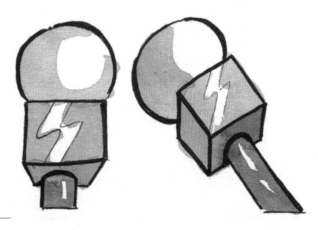

40. MEUS MODELOS

✱ Considere as pessoas que você admira nas mais diversas áreas. Escreva nos espaços abaixo as características mais importantes dos seus ídolos. Em quais aspectos você gostaria de ser como eles? Por quê?

❑ No cinema _____
_____

❑ Na música _____
_____

❑ Na literatura _____
_____

❑ No teatro _____
_____

❑ Na TV _____
_____

❑ Na política _____
_____

❑ Nos esportes _____
_____

❑ Na sua cidade _____
_____

❑ Em outro país _____
_____

❑ Na escola _____
_____

❑ Na sua família _____
_____
_____

parte 2
TRABALHANDO MINHAS HABILIDADES DE PENSAMENTO CRIATIVO

41. CIÊNCIA E CIENTISTAS

✱ Todo mundo conhece bem a expressão "cientista maluco". No entanto, o cientista pode trabalhar em áreas muito diferentes e procurar inventar coisas de acordo com sua forma de ser, com sua personalidade.

✱ Vamos agora imaginar diferentes tipos de cientistas, com seus diferentes trabalhos e invenções.

CIENTISTA DESASTRADO

- Você é um inventor desastrado. Imagine que, trabalhando no seu laboratório, você, por engano, misturou os ingredientes errados. Diga: em que projeto você estava trabalhando? Qual o seu propósito inicial e quais as consequências do seu erro?

CIENTISTA INDISCRETO

- Imagine que você inventou um capacete mágico. A sua principal função é permitir ler o pensamento dos outros. Você sai pelas ruas e descobre que as pessoas têm os mais diversos tipos de pensamentos: engraçados, alegres, feios, secretos, chatos, preocupados, mágicos etc. Conte para nós o que essas pessoas estavam pensando quando você passou por elas:

O padre _____

O diretor da escola _____

O policial _____

O gato _____

O menino olhando uma vitrine _____

Uma velhinha tentando atravessar a rua _____

A vendedora na loja _____

O motorista do caminhão _____

O cabeleireiro do salão _____

Um homem desconhecido _____

Uma mulher bem-vestida _____

Seu amigo _____

Invente outras pessoas
_____
_____
_____
_____
_____

CIENTISTA ASTRÓLOGO

- Você resolveu inventar uma bola de cristal. Basta esfregá-la, pensando em alguma situação, que você poderá ver os mais diversos acontecimentos, tanto do presente e do passado quanto do futuro.
- O que você viu com relação aos fatos descritos abaixo? Elabore bem cada ideia, descrevendo fatos, pensamentos e sentimentos que lhe ocorrerem:

Seus pais quando eram crianças _____
_____
_____
_____

Você daqui a 10 anos _____
_____
_____
_____

Seu melhor amigo agora _____
_____
_____
_____

O seu país daqui a 20 anos _____
_____
_____
_____

Você quando era bebezinho _____
_____
_____
_____

O final de sua novela predileta _____
_____
_____
_____

O planeta Terra daqui a 100 anos _____
_____
_____
_____

Você no final da vida _____
_____
_____
_____

Outras situações _____
_____
_____
_____
_____
_____
_____
_____
_____
_____
_____

CIENTISTA EXIBIDO

- Você é um inventor absolutamente maravilhoso. Tem ideias incríveis e muito dinheiro para inventar o que quiser.
- Conte para todos o que você acabou de inventar e quais as utilidades de sua invenção. Não esqueça de fazer um desenho bem sugestivo.

CIENTISTA INVISÍVEL

- Você descobriu uma poção que lhe permitiu ficar invisível por um dia. Foi uma experiência muito divertida. Aproveite a ocasião para contar aonde você foi e o que viu de mais interessante.

_____

_____

_____

_____

_____

_____

_____

_____

_____

_____

_____

CIENTISTA ASTRÔNOMO

- Você é agora um astrônomo que inventou um telescópio superpotente. Ao olhar por ele, você descobre, maravilhado, um outro planeta, numa galáxia a bilhões de quilômetros da Terra. Você então entra em seu foguete superespacial e vai olhar esse planeta de perto.
- Relate agora o que você viu nesse planeta. Coloque todos os detalhes interessantes em sua narrativa.

_____

_____

_____

_____

_____

_____

_____

_____

_____

_____

_____

CIENTISTA N'ÁGUA

- Imagine que você inventou uma pílula que permite às pessoas respirarem dentro d'água.
- Liste todas as consequências dessa sua nova invenção. Desenhe a que você achou mais interessante.

_____
_____
_____
_____
_____
_____
_____
_____
_____
_____

CIENTISTA ANIMAL

- Uma bruxa descobriu suas invenções e decidiu roubá-las. Tentando proteger seus direitos autorais, você resolve brigar com ela... Mas bruxa é sempre bruxa, e esta acabou por transformar você em um animal. Não se preocupe, pois essas poções costumam durar só um dia.

- Portanto, aproveite para dar uma volta por aí, curtindo sua existência de animal. Mas não se esqueça de contar para nós: em que animal você foi transformado? O que aconteceu no seu dia como animal? Quais foram seus pensamentos e ações como animal?

_____
_____
_____
_____
_____
_____
_____
_____
_____

CIENTISTA DOMÉSTICO

- Preocupado com a quantidade de afazeres domésticos que há em qualquer casa e que muitas vezes também sobram para você, invente uma nova máquina capaz de realizar qualquer trabalho. Descreva como é essa máquina e suas habilidades.
- Desenhe sua invenção.

CIENTISTA VAIDOSO

- Imagine que maravilha seria se você pudesse ter sempre a aparência que você quisesse. Nessa nova máquina que você inventou, as pessoas terão oportunidade de se transformar, inteiramente ou em partes, no que quiserem. Ou podem melhorar a imagem que têm, ficar mais novos ou mais velhos, o que sua imaginação sugerir.
- Imagine como seria essa máquina e como seria o seu funcionamento. Desenhe e descreva com detalhes sua invenção.

115

42. BRINCANDO COM HISTÓRIAS DE FADAS

✱ Todo mundo conhece bem a história de Chapeuzinho Vermelho. Mas até hoje ninguém deu oportunidade para os outros personagens da história contarem a sua versão dos fatos. Será que tudo aconteceu daquela forma mesmo?

✱ Descreva a história de Chapeuzinho Vermelho da forma como você imagina que os outros personagens da história (o Lobo, a Vovó ou o Caçador) gostariam de contá-la.

A História e seus pontos de vista...

✻ "... E o Príncipe levou Branca de Neve para o seu maravilhoso palácio, onde viveram felizes para sempre..."

✻ Será mesmo verdade? Imagine o que poderia ter acontecido na vida desses personagens depois do casamento. Conte sua história no espaço abaixo.

O que aconteceu depois...

✱ Imagine uma historinha de fadas onde tudo acontece ao contrário. Os personagens têm características de personalidade diferentes da historinha original, e os fatos aconteceram de uma forma um pouquinho diferente...

✱ Relate a própria versão da história que você escolheu no espaço abaixo.

História ao contrário...

✳ Agora crie uma historinha misturando vários contos de fadas que você conhece. Tente torná-la bem engraçada e diferente!

Salada de Histórias

No espaço abaixo você vai usar ainda mais sua imaginação: conte uma historinha de fadas tradicional (por exemplo, *Pinóquio, Cinderela* ou *A Bela Adormecida*), acrescentando à história palavras e situações fora de seu contexto original – por exemplo: carro de boi/helicóptero/micro-ondas/lavadora de pratos/telefone/computador/boneca Barbie/o seu professor de matemática/o Faustão/a Mônica/um cabeleireiro francês etc.

História em outro contexto...

✱ Por fim, escolha uma outra história, como, por exemplo, *Cachinhos de Ouro*, *Bambi* ou *Mogli*. Conte o finalzinho da história de três formas: um final feliz; um final triste; um final ridículo.

Diferentes finais para a história...

43. ASSUSTANDO UM LADRÃO

✷ Imagine todas as formas possíveis e imaginárias de assustar um ladrão.

✷ Em dez minutos, veja quantas ideias diferentes e incomuns você pode pensar. Use sua criatividade, imaginação e muito bom humor!

44. O QUE ACONTECERIA SE...

✳ Pense no que poderia acontecer se as situações descritas abaixo ocorressem. Quais seriam suas consequências? Pense no maior número de consequências diferentes e bem-humoradas que você puder.

✳ O que aconteceria...

● ... se não houvesse mais leis?
_____
_____
_____
_____
_____

● ... se você diminuísse de tamanho e ficasse com um centímetro de altura?
_____
_____
_____
_____
_____

● ... se as minhocas se revoltassem?
_____
_____
_____
_____
_____

● ... se você pudesse entrar em uma história em quadrinhos?
_____
_____
_____
_____
_____

- ... se nosso Planeta Terra se tornasse Planeta Água?

- ... se as pessoas, em vez de falarem, só pudessem cantar?

- ... se descobríssemos uma passagem para outra dimensão?

- ... se todos os passarinhos cantassem à mesma hora?

- ... se tudo o que fosse vermelho ficasse transparente?

- ... se um vírus eliminasse todo o plástico da face da Terra?

- ... se todos os relógios parassem às duas horas da tarde?

- ... se

- ... se

- ... se

45. NA CLASSE DA TIA SUZY

✳ Numa outra dimensão, paralela à nossa, existem meninos e meninas que também vão à escola, assim como você. Mas eles têm formas diferentes, como na classe da tia Suzy, que você pode ver pelo desenho da outra página. Vamos descobrir as características de cada aluno? Então tente responder às perguntas abaixo, pela ordem em que são apresentadas:

1. Quantos alunos tem a classe da tia Suzy? (................)
2. Em qual fila todos são meninas? (................)
3. Quantos meninos existem na sala de aula? (................)
4. Quantos alunos têm as mãos levantadas (................)
5. Quantos são os que pensam *realmente* saber a resposta? (................)
6. Quem está se escondendo da professora? (................)
7. Quem é canhoto? (................)
8. Quem é o mais bagunceiro da sala? (................)
9. Quem tem os pés sobre a mesa? (................)
10. Quem resolveu tirar um cochilo? (................)
11. Quem se esqueceu de pentear o cabelo? (................)
12. Quais são os que estão conversando um com o outro? (................)
13. Quem está usando brinco? (................)
14. Quem se esqueceu de tirar o chapéu? (................)
15. Quem veio de maria-chiquinha? (................)
16. Quem trouxe seu cachorrinho para a escola? (................)
17. Quem está chorando? (................)
18. Quem são irmão e irmã? (................)
19. Quem está chupando pirulito? (................)
20. Quem usa aparelho nos dentes? (................)
21. Quem faltou à aula hoje? (................)
22. Quem se esqueceu de lavar as mãos? (................)
23. Quem está usando fones de ouvido? (................)
24. Quem não está se sentindo bem? (................)
25. Quem tem sardinhas no rosto? (................)
26. Quem perdeu os seus óculos? (................)
27. Quem achou que hoje iria chover? (................)

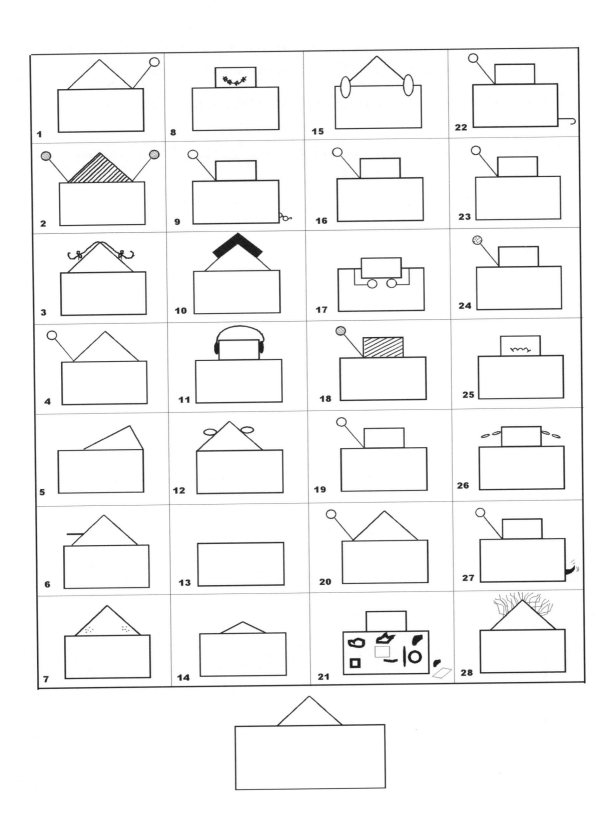

(Você pode conferir as respostas no Apêndice do livro.)

✻ Agora é a sua vez. Utilize o mesmo tipo de simbologia para criar outras situações. Use o seu humor, sua fluência, elaborando bem cada representação.

✻ Monte novamente a sala da tia Suzy, com um título sugestivo como: "Os novos alunos da tia Suzy"...

46. DESENHANDO O MEU MONSTRO

✱ Nesta página, sua tarefa será a de desenhar um MONSTRO. Pense no tamanho que ele teria, se seria gordo ou magro, na sua forma, no aspecto de seu rosto, se teria dentes ou não, se teria forma humana, animal ou outra qualquer, se produziria algum som, e outras particularidades que você queira adicionar ao seu monstro.

✱ Desenhe-o e descreva-o. Dê um nome a ele.

_____
_____
_____
_____
_____
_____

✳ Imagine agora que esse monstro tem uma característica especial: Nos dias ímpares, ele fica impossível e faz toda espécie de traquinagens. Mas, nos dias pares, ele fica arrependido e tenta consertar as traquinagens que fez.

✳ Escreva, nas colunas abaixo, o que o monstro fez nos dias 1 e 2 do mês passado. Imagine que ele estava impossível, portanto, dê o maior número possível de respostas!

Dia 1	Dia 2

✱ O monstro ficou muito famoso no lugar onde ele vivia. É claro que você, como repórter, precisa entrevistá-lo. Pense e transcreva para o espaço abaixo as perguntas que você faria para o monstro e suas respostas. Aproveite que hoje ele está bonzinho, portanto, faça todas as perguntas que quiser.

47. SEQUÊNCIAS

✳ Você pode imaginar quais seriam as próximas letras das sequências abaixo? (Você pode inventar sua própria sequência ou dar uma conferida, no apêndice, nas respostas tradicionais).

U , D , T , Q , C , S , S ....?

J , F , M , A , M , J , J , A , ___ , ___ , ___ ?

D , S , T , Q , Q , ___ , ___ ?

D , Q , S , O , D , D , Q , D ....?

M , V , T , M , J , S , ___ , ___ ?

A , T , G , C , L , V , L , E , ___ , ___ , ___ ?

✳ Invente novas sequências e passe para um colega descobrir!

48. A BRANCA DE NEVE E O SÍLVIO SANTOS

Você seria capaz de imaginar como seria uma conversa telefônica entre a Branca de Neve e o Sílvio Santos? Faça de conta que você escutou em uma linha cruzada esse papo tão interessante. Conte o que você escutou.

49. INVERTENDO AS COISAS!

✴ Tente descobrir o que há de bom nas situações ruins e o que há de mal nos aspectos ou momentos bons. Proponha algumas situações também.

- O Presidente da República promulgou uma lei proibindo todas as professoras de passar dever de casa para os alunos. Liste quatro coisas ruins sobre esse assunto.
  _____
  _____

- O McDonald's decidiu parar de vender sanduíches e passou a vender apenas saladas de chuchu, repolho roxo, cebola e quiabo, servidas com leite quente. Cite quatro coisas boas sobre essa notícia.
  _____
  _____

- Você acaba de ganhar aquele brinquedo que tanto queria. O que tem de ruim nisso? Liste quatro itens.
  _____
  _____
  _____

- Você está de castigo. O que há de bom nisso? Liste quatro coisas boas.
  _____
  _____
  _____

- É o verão mais quente do planeta e você ganhou umas férias naquela praia que você tanto sonhou. Dê quatro bons motivos para você detestar essa notícia.
  _____
  _____
  _____

- Agora é a sua vez de propor situações invertidas e respondê-las:
  _____
  _____
  _____
  _____

50. LIGANDO PARA O PROCON

✱ Escreva uma carta para o Procon, reclamando de um objeto que você comprou e que não funcionava, como se você fosse:

○ O Faustão

○ A Fátima Bernardes

○ O Pelé

○ O Papa

○ O Presidente da República

○ Você mesmo

○ Alguém de sua escolha.................................

✱ Você pode escolher um personagem ou escrever sete cartas diferentes, imaginando-se como cada um deles.

_____
_____
_____
_____
_____
_____
_____
_____
_____
_____
_____
_____
_____
_____

51. BRINQUEDOS DE MENINAS E MENINOS

* É dezembro e você foi a uma grande loja de brinquedos para escolher o que vai querer ganhar no Natal. Você entra na loja e fica admirado pela quantidade de brinquedos que vê por todas as prateleiras. A loja tem duas grandes salas, separadas em brinquedos para meninos, de um lado, e para meninas, de outro. Você entra em todas as salas, pensando nos presentes que vai querer dar também para suas primas e primos, ou amigos e amigas. Mas você ainda está indeciso.

* Para ajudar em sua decisão, liste, no espaço abaixo, de um lado, todos os brinquedos que você puder pensar, que geralmente são feitos para meninos, e, do outro, brinquedos feitos para meninas. Coloque tudo o que lhe vier à cabeça.

Meninos	*Meninas*

✳ Imagine agora que a loja fechou e você ficou preso na parte onde estão os brinquedos próprios para as crianças de outro sexo que não o seu. Enquanto você espera que notem a sua falta e venham buscá-lo, você resolve brincar.

✳ Relacione, no espaço abaixo, todas as brincadeiras que você poderia inventar com os brinquedos dessas prateleiras. Deixe a sua imaginação voar!

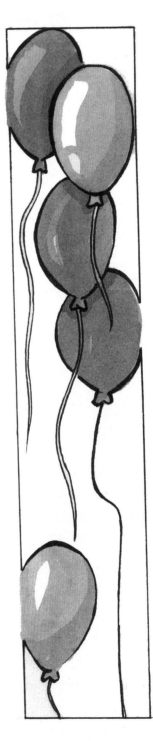

52. JINGLE

✳ Você sabe o que é um *jingle*? É aquela musiquinha que faz parte de uma propaganda qualquer, como a do Natal da Rede Globo, lembra? *Hoje a festa é sua, hoje a festa é nossa, é de quem quiser, quem vier...*

✳ Pois é, você agora vai criar um *jingle*. Só que o produto que você vai anunciar é... "shampoo para crina de cavalo"! Boa sorte!

53. NOTÍCIAS E JORNAIS

✱ Jornais trazem sempre notícias muito interessantes. Vamos trabalhar com notícias de jornais em suas mais diversas seções.

- **SEÇÃO DE VENDAS**

    Pense em um produto que normalmente as pessoas não pensam em vender. Faça uma campanha publicitária para levá-lo ao mercado e motivar as pessoas a comprá-lo. Use todos os recursos necessários para sua campanha e dramatize-a para seus colegas.

- **SEÇÃO DE EMPREGOS**

    Você descobriu que tem algumas habilidades fantásticas, e diferentes da maioria das pessoas, e resolveu ganhar dinheiro com isso. Faça um anúncio para o jornal, falando de você e do que é capaz de fazer. Dê todos os detalhes para que as pessoas possam contratá-lo. Não se esqueça de dar seu endereço e o preço pelo serviço.

- **SEÇÃO DE ESPORTES**

  Imagine o acontecimento do ano no mundo dos esportes. Algo inesperado aconteceu, e os leitores precisam saber de todos os seus detalhes. Prepare e redija a sua matéria. Procure ser bastante original! Anexe fotos ou faça desenhos para ilustrá-la.

  _____
  _____
  _____
  _____
  _____
  _____
  _____

- **SEÇÃO DE NOTÍCIAS**

  Morreu uma celebridade do mundo do cinema. Mas, antes de morrer, ela escreveu uma carta contando um segredo que ninguém suspeitava. O mundo ficou abalado com a notícia. Escreva qual era esse segredo e suas consequências.

  _____
  _____
  _____
  _____
  _____
  _____
  _____
  _____

● SEÇÃO DE FILMES

Os jornais geralmente trazem resumos sobre os filmes em cartaz. Abaixo estão alguns exemplos. Sua tarefa inicial será dar continuidade aos resumos, de forma a torná-los mais interessantes, engraçados ou criativos:

- ○ Detetive de polícia de Nova York, feliz no casamento, apaixona-se pela testemunha de um assassinato, perseguida pelo criminoso. Tudo se complica quando

- ○ Uma epidemia assola os EUA. O governo passa então a levar os doentes

- ○ Garota é contratada para trabalhar na casa de uma família rica e tradicional. Mas o que ninguém sabia era

- ○ Um desenhista de *cartoons* vai parar dentro de um desenho animado criado por ele. A primeira situação que tem que enfrentar é

○ Para salvar sua família, ameaçada de ter sua fortuna roubada, Riquinho se junta a um grupo de amigos plebeus e descobre
_____
_____
_____
_____
_____
_____
_____

○ Agora é sua vez. Reproduza a parte inicial de sinopses (resumos) de filmes e complete-os, fazendo sua própria história. Tente imaginar temas interessantes, acrescentando um sabor todo especial a cada história.
_____
_____
_____
_____
_____
_____
_____
_____
_____
_____
_____
_____
_____
_____
_____
_____
_____
_____
_____
_____
_____
_____
_____
_____

54. INVENTANDO HISTÓRIAS

✱ Olhe as figuras abaixo e, a partir delas, invente uma história bem original e interessante. Use as figuras como parte do enredo.

143

55. INVENTANDO MÚSICA

✱ Invente uma música diferente, bonita ou engraçada, usando as palavras abaixo:

chão	lua	vazio	rede
ziriguidum	perdão	noite	armário
estrelas	leão	balacobaco	poste
pés	sorriso	mosca	leite

145

56. GENÉTICA

✳ Sabemos que a Engenharia Genética está fazendo coisas nunca antes imaginadas. A revista *Superinteressante* nº 9, de Julho/95, relata que pesquisadores conseguiram fazer, no laboratório, uma mosca de oito olhos.

- Imagine e responda: Quais as consequências dessa descoberta na vida dessa mosca? Imagine tudo o que possa ocorrer na vida da mosca de oito olhos.

_____
_____
_____
_____
_____
_____
_____
_____
_____

✳ Outra notícia espantosa, dada pela mesma revista, foi a respeito do ratinho que recebeu o implante de uma orelha em suas costas, mostrando que, num futuro próximo, os transplantes de órgãos poderão ser feitos em laboratório. Mas ninguém se importou em saber do ratinho, em como ele passou a viver com uma orelha nas costas.

- Imagine todas as consequências que essa orelha extra terá na vida desse ratinho.

_____
_____
_____
_____
_____
_____
_____

✱ Agora é com você: Pesquise, em revistas e jornais, notícias tão interessantes e diferentes como essas no campo da Engenharia Genética. Discuta as implicações para o dia a dia do ser que sofreu alguma transformação. Faça um desenho de como ele se pareceria.

57. USOS DIFERENTES

✸ Pense e escreva o maior número de usos possíveis para:

- UMA PASTA DE DENTE

- JORNAIS VELHOS

- *CLIPS* PARA PAPEL

- BOLINHAS DE GUDE

58. SÍLABAS

✳ Pense nas letras do alfabeto.

✳ Escolha duas delas e forme uma sílaba. Em seguida, faça uma lista, a maior possível, de palavras que começam com essa sílaba.

✳ Agora, você vai contar uma história que contenha pelo menos a metade das palavras que você listou. Aproveite o espaço abaixo.

_____
_____
_____
_____
_____
_____
_____
_____
_____
_____

59. BICHINHOS

✳ Que bichinhos são esses?

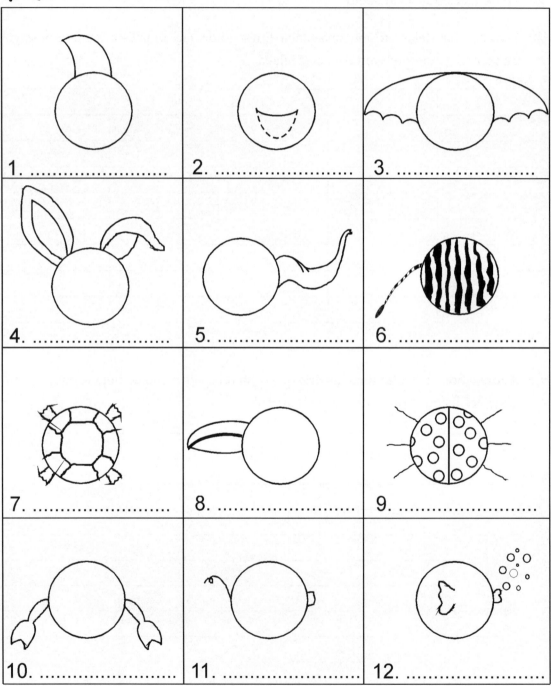

1. ....
2. ....
3. ....
4. ....
5. ....
6. ....
7. ....
8. ....
9. ....
10. ....
11. ....
12. ....

(Você pode conferir as respostas no Apêndice do livro.)

✱ Nesta página, desenhe os seus próprios bichinhos, usando apenas suas características principais como pista:

60. TRABALHANDO COM SIGLAS

✳ Invente novos significados para as siglas abaixo:

CGC
CIC
DETRAN
LBA
CEF
SESC
SESI
CPF
FGTS
USP
OAB
ISS
FHC
RG
CNN
IPTU

61. BARULHOS NO BANHEIRO

✱ Procure imaginar o maior número possível de ruídos ou barulhos que possam ocorrer em um banheiro. Escreva o barulho, se preferir, mas não esqueça de dizer o que sua escrita representa.

62. RIMANDO

✷ Encontre o maior número de rimas possíveis para as seguintes palavras:

cebola	travesseiro	pé

✷ Agora, escreva um lindo poema usando o maior número possível de palavras criadas no exercício!

_____
_____
_____
_____
_____
_____
_____
_____

63. ANO 2100

✱ Imagine que você entrou em uma máquina do tempo e chegou ao ano de 2100. Você já viveu seis meses desse ano e agora está escrevendo uma carta para um amigo. Descreva suas experiências nesse período, o que você encontrou de novo, como é a vida no ano de 2100. Descreva suas sensações e pensamentos. Ouse em suas ideias!

64. RECONTANDO UMA HISTÓRIA

✱ Você certamente conhece a história da Bela e a Fera. No espaço abaixo, conte novamente essa história utilizando as palavras do quadro como parte do enredo. Seja criativo! Use seu humor e toda a sua imaginação fértil!

Abacaxi	Lagoa	Aviso	Inflação	Cometa
Revista	Caixa	Sabonete	Tigre	Estátua
Melancia	Botão	Unha do pé	Bolacha	Rebolar
Alergia	Salamaleque	Cebola	Grama	Amarelo
Corrida	Boneco	Areia	Pompom	Bolinha de sabão

_____
_____
_____
_____
_____
_____
_____
_____
_____
_____
_____
_____
_____
_____
_____

65. SEMELHANÇAS E DIFERENÇAS

✱ Liste o maior número possível de semelhanças e diferenças que pode haver entre:

● O LOBO MAU E O PATINHO FEIO

● O JORNAL NACIONAL E A NOVELA DAS OITO

● O AUTOMÓVEL E A CARROÇA

● O BANDIDO E A POLÍCIA

● O REPÓRTER E O MÉDICO

66. CRIAÇÕES NO ANO 2300

✶ Imagine que no ano de 2300 os estudantes poderão criar novas espécies de animais, plantas e minerais. Os laboratórios das escolas serão muito bem equipados e irão dispor de substâncias diversas. Se você fosse aluno de uma dessas escolas, o que você produziria?

✶ Descreva cada uma das suas criações e explique por que elas são tão especiais!

Animal(is): _____
_____
_____
_____
_____
_____
_____
_____
_____
_____

Planta(s): _____
_____
_____
_____
_____
_____
_____
_____
_____
_____

Mineral(is): _____
_____
_____
_____
_____
_____
_____
_____

67. BRINCANDO COM RITMOS

✳ Cante as seguintes frases nos mais variados ritmos musicais que você conhece ou já ouviu falar. Invente ritmos novos também.

"Que belo violão! É do João?"
"Pá, pá, ra pá, pá, meu bem!"
"O rato roeu a roupa do rei de Roma"
"Bom mesmo é melancia com chiclete"
"Pão, macarrão, sabão e ovo"
"Tango, calango, tango, com o rabo balançando"

68. CORES DO NOSSO MUNDO

✳ Muitas palavras, frases e expressões em nossa linguagem incluem cores.

✳ Para cada uma das definições abaixo, associe uma palavra ou frase que lembre uma cor. A primeira está feita como exemplo. Confira as respostas no apêndice.

- Reis, rainhas e nobres ...... *sangue azul* ......
- Posição mais alta no judô ......
- Os orientais ......
- Os índios ......
- Piada de mau gosto ......
- Garotinha que visitou os três ursos ......
- O cérebro ......
- Pessoa zangada ......
- Garotinha que levava doces à vovó ......
- Uma doença tropical ......
- Mágica de bruxa ......
- Casa do Presidente dos EUA ......
- Princesa dos sete anões ......

✳ Agora é sua vez... Procure novos significados ou invente as suas expressões!
- ......
- ......
- ......
- ......
- ......
- ......

161

69. HISTÓRIAS & PROBLEMAS

✱ As historinhas abaixo representam algumas situações-problema, para as quais você deve achar uma solução. Tente dar as respostas mais criativas possíveis; a sua resposta pode ser muito melhor do que a sugerida no final do livro!

"Em um horrendo dia de chuva, um homem saiu apressado para o trabalho. Ele havia esquecido seu guarda-chuva em casa. Ele não usava chapéu e não tinha nenhuma proteção para sua cabeça. Num instante toda a sua roupa estava molhada. Os seus sapatos ficaram alagados! No entanto, o seu cabelo não se molhou. Como isso é possível?"

_____
_____

"Era hora do lanche. A mulher pegou o açucareiro e colocou uma colher de açúcar dentro de sua xícara de café. No entanto, o açúcar não ficou molhado. Por quê?"

_____
_____

"Pedro, Marta, Beto e Sandra moravam numa mesma casa, em perfeita harmonia. Numa noite quente e úmida, Pedro e Marta resolveram ir ao teatro. Trancaram tudo e deixaram Beto e Sandra sozinhos em casa. Quando voltaram para casa, encontraram Sandra morta no chão. Eles ficaram muito tristes. No entanto, ninguém chamou a polícia. Beto não foi para a prisão. Ninguém nem mesmo perguntou a ele qualquer coisa sobre o crime. Por que não?

_____
_____

"Jorge, que era filho de dentista, resolveu ir ao consultório tratar de uma cárie que estava doendo muito. Ele ligou para seu pai e disse que iria ao consultório. Embora realmente ele fosse seu filho, tal dentista não era pai de Jorge. Como você acha que isso é possível?"

_____
_____

162

70. INVENTANDO NOMES!

✸ Invente o maior número possível de nomes próprios e sobrenomes utilizando-se de:

NOMES DE CORES

NOMES DE ANIMAIS

NOMES DE FERRAMENTAS

163

NOMES DE FLORES

NOMES DE FRUTAS

OUTROS

71. CIENTISTA ESPERTO

✳ Você é um cientista muito esperto e inteligente! É tão bom na sua profissão que foi contratado pelo governo inglês para solucionar alguns problemas. Vamos ao trabalho? Tente encontrar respostas originais e interessantes para os problemas abaixo:

● Quanto mede a língua daquela vizinha fofoqueira? Pense em uma forma, método ou instrumento que permita medir essa língua fofoqueira.
_____
_____
_____

● Quanto tempo leva para alguém ir daqui até ali?
_____
_____

● Qual a distância entre "aqui" e o "logo ali, bem pertinho"?
_____
_____

● Qual a quantidade de água que você toma em um ano?
_____
_____
_____

● Qual o peso da vontade de ir no banheiro fazer xixi? Como você pode medir isso?
_____
_____

● Qual a distância entre o seu nariz e a ponta do seu dedo indicador?
_____
_____

● Quanto tempo leva para aprender a assoviar? Pense em um método de ensino eficaz que garanta a aprendizagem da arte de assoviar em apenas cinco minutos.
_____
_____
_____

72. SUAS AÇÕES NO FUTURO

✻ Liste, nas linhas abaixo, tudo o que você vai precisar fazer para no futuro poder:

- Comprar uma mansão ao lado da casa da Lady Gaga.

- Ser campeão de Fórmula I - Interplanetária.

- Continuar magro e elegante.

- Não ficar careca.

- Realizar aquele sonho.

- Continuar eternamente jovem.

- Trabalhar um dia na semana e descansar seis.

- Ir a todos os *shows* de seu ídolo preferido e sentar-se no lugar de honra.

73. RELAÇÕES

✳ Relacione objetos que sejam, ao mesmo tempo:

Transparentes e quentes	Amarelos e elásticos

Quadrados e ásperos	Escuros e duros

Moles e verdes	Redondos e frios

✳ Lembre-se: quanto mais ideias você apresentar, mais chances você tem de ser original!

74. BOROCOXÔS

- **ESTES SÃO BOROCOXÔS:**

- **ESTES NÃO SÃO BOROCOXÔS:**

✱ Compare agora os borocoxôs com os não borocoxôs. Você já descobriu quais são as regrinhas que os fazem diferentes entre si? Então escreva-as abaixo:

- **OS BOROCOXÔS SÃO ASSIM:**

_____
_____
_____
_____

(As respostas para o exercício encontram-se no Apêndice, no final do livro.)

✳ Agora é sua vez: Descubra quais são os verdadeiros borocoxôs:

✳ Agora invente suas próprias regrinhas e invente novos borocoxôs; dê para um amigo descobrir suas regrinhas:

● **ESTES SÃO BOROCOXÔS:**

● **ESTES NÃO SÃO BOROCOXÔS:**

● **DESCUBRA QUAIS SÃO BOROCOXÔS:**

● **OS MEUS BOROCOXÔS SÃO ASSIM:**
_____
_____
_____

75. DESENHANDO

✱ Complete os rabiscos abaixo formando figuras. Escreva o nome de cada figura que você formar.

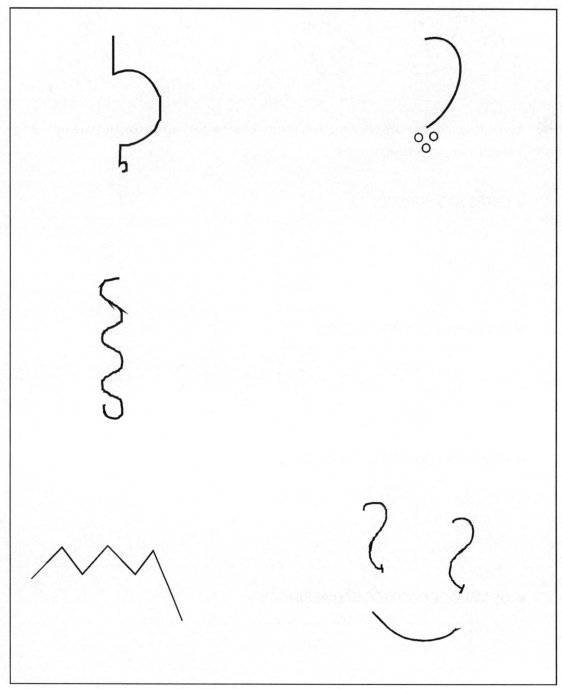

170

76. FAZENDO ANALOGIAS

✳ Fazer analogia significa comparar duas coisas que são diferentes, buscando o que poderiam ter em comum.

✳ Use sua imaginação e complete as sentenças abaixo, usando analogias:

- ❏ A mente é como um paraquedas, só funciona quando aberta!

- ❏ O mar é como um cobertor, _____

- ❏ O girassol é como um passarinho, _____

- ❏ O amor é como chocolate, _____

- ❏ A amizade é como um bolo, _____

- ❏ O telefone é como um guarda-chuva, _____

- ❏ Minha casa é como um caracol, _____

- ❏ A TV é como uma caixa, _____

- ❏ Criatividade é como _____

- ❏ A escola é como _____

- ❏ Um livro é como _____

- ❏ A vida é como _____

- ❏ Dormir é como _____

- ❏ Desenhar é como _____

- ❏ Jogar cartas é como _____

- ❏ Estudar é como _____

- ❏ .... é como _____

77. CÓDIGOS INTERESSANTES

✳ Você, que é muito curioso, resolveu dar uma espiada nos livros da estante de um arqueólogo. E você encontra um misterioso livro, todo escrito em códigos. Que interessante! O que poderia estar escrito ali? Que segredos misteriosos você está a ponto de descobrir?

✳ Algumas das frases do livro estão escritas abaixo. Use a cabecinha e tente decifrá-las! Mas atenção! Cada frase foi escrita com um tipo de código. Você será capaz de descobri-los?

✳ Então vamos lá! A cada código descoberto, escreva na linha abaixo sua tradução e qual é a regra para se descobrir o código. Essa é uma tarefa para um verdadeiro Sherlock Holmes!

1) A scriança sadora mcome rbombon. Sd escubr aque mfo iqu ecome u acaix atoda!

TRADUÇÃO:_____

_____

REGRA_____

_____

2) Abo! Sa sairéf áj oãtse odnagehc! Uov redop rimrod o aid odot!

TRADUÇÃO: _____

_____

REGRA_____

_____

3) Endo áh oircc, áh eemprs mu oalhaçp. Sam semot euq rolab mu olanp aarp rmpedii o oalhaçp ed razef salhaçadap mes araçg!

TRADUÇÃO:_____

_____

REGRA_____

_____

173

4) Oncontrei e ssconderijo eecreto qos duarenta padrões. lara dentrar, eiga ps aalavras aágicas "mbra-se tésamo!"

TRADUÇÃO:_____
_____

REGRA_____
_____

5) Mqlhqrqs q mqlhqrqs dq dqlqrqs qstqq qscqndqdqs nqm lqgqr sqcrqtq. Pqrq qncqntrq-lqs, sqgq q pqstq dqs grqndqs qrvqrqs qm fqrmq dq W.

TRADUÇÃO:_____
_____

REGRA_____
_____

6) Espel hoespel hom eu! Háalgu ém nomun doma isboni to doq ue eu?Cla ro,respond e uoespel ho!Adivin he sóqu emé !

TRADUÇÃO:_____
_____

REGRA_____
_____

7) U rocoitu socrotu du tertu do muçu du Vevé Denuldu finulmonto ostú om moa pedor. Vondoroi u rocoitu puru e McDenuld's o ficuroi rice!

TRADUÇÃO:_____
_____

REGRA_____
_____

✳ Agora é a sua vez de inventar suas frases e seus próprios códigos. Ah, não se esqueça de dar para algum coleguinha curioso tentar decifrar! (As respostas se encontram no fim do livro.)

78. DESCOBRINDO PROFISSÕES

✱ Descubra quais profissões estas figuras podem estar representando:

Pedreiro

Mecânico de carros

Médico

Apresentador de TV

Bombeiro

Acrobata

Mineiro

Caubói

Professor

Ator

Motorista de caminhão

Jogador de futebol

Homem da carrocinha

Padeiro

Domador de leões

Nadador

(As respostas para esse exercício encontram-se no Apêndice.)

176

✱ Invente os seus próprios desenhos para representar outras profissões.

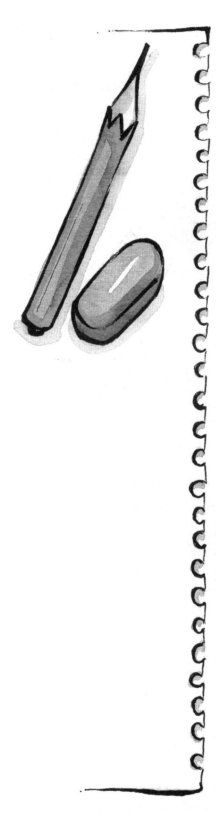

79. GUIANDO UM CEGO

✱ Descreva as formas abaixo para alguém que não possa vê-las. Peça à pessoa que está escutando sua descrição que faça um desenho das formas de acordo com a sua explicação. Depois, compare para ver como ficou. Se quiser, treine novamente até aperfeiçoar bem esta habilidade.

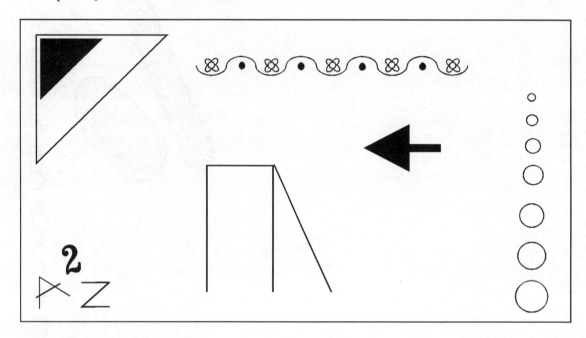

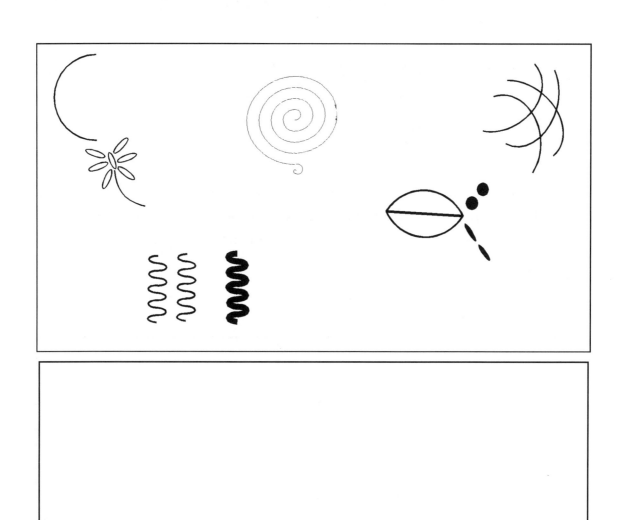

80. SÍMBOLOS

✱ Através de uma televisão do futuro, inventada por um cientista brasileiro, você pôde assistir a um programa mostrando os pontos turísticos de uma cidade do ano de 2900. Você observou que em várias construções, como: cinemas, museus, aeroportos, igrejas etc., alguns símbolos eram frequentes.

✱ No espaço abaixo, desenhe os símbolos que você viu no programa e traduza-os para nossa língua atual. Use sua imaginação e humor!

81. FIGURAS GEOMÉTRICAS

* Nesta página está desenhada uma variedade de figuras geométricas.
* Procure transformar tais figuras (acrescentando outras formas, colorindo, traçando novas linhas etc.) de modo a compor um único quadro.
* Use sua fantasia e sua flexibilidade perceptual!

82. DANDO RECEITAS

✱ Qual seria sua receita para:

- **Interesse em matemática**
  4 copos de _____
  1/2 litro de _____
  2 colheres (de sopa) de _____
  1 xícara (de chá) de _____
  1 pitada de _____

- **Talento para artes**
  2 latas de _____
  1 vidro de _____
  3 colheres de _____
  1 caixinha de _____
  Salpicar com _____

- **Habilidade para os esportes**
  3 fatias de _____
  1 copo de _____
  2 colheres (de sopa) de _____
  1/2 pacote de _____
  1 pitada de _____

- **Habilidade criativa**
  3 porções de _____
  1 colher (de chá) de _____
  5 gotas de _____
  1/2 litro de _____
  1 pouco de _____

182

83. UM CARTÃO PARA UM ET

✱ Imagine que você conheceu um extraterrestre (ET) e agora quer mandar um cartão para ele. Desenhe no espaço abaixo como seria esse cartão e o que você escreveria nele.

● **FRENTE:**

● **DENTRO:**

84. FIGURAS E HISTÓRIAS

Passo 1: Separe, inicialmente, diferentes figuras que você encontrar em revistas.

Passo 2: Em tiras separadas de papel, escreva diferentes gêneros de história; por exemplo:

ficção científica	comédia
história de amor	aventura
drama	terror
guerra	etc.

Passo 3: Dobre bem cada tirinha de papel. Depois sorteie um gênero de história.

Passo 4: Agora você vai colar as figuras escolhidas nesta e na próxima página, compondo uma história de acordo com o gênero escolhido. Escreva a historinha a seguir.

184

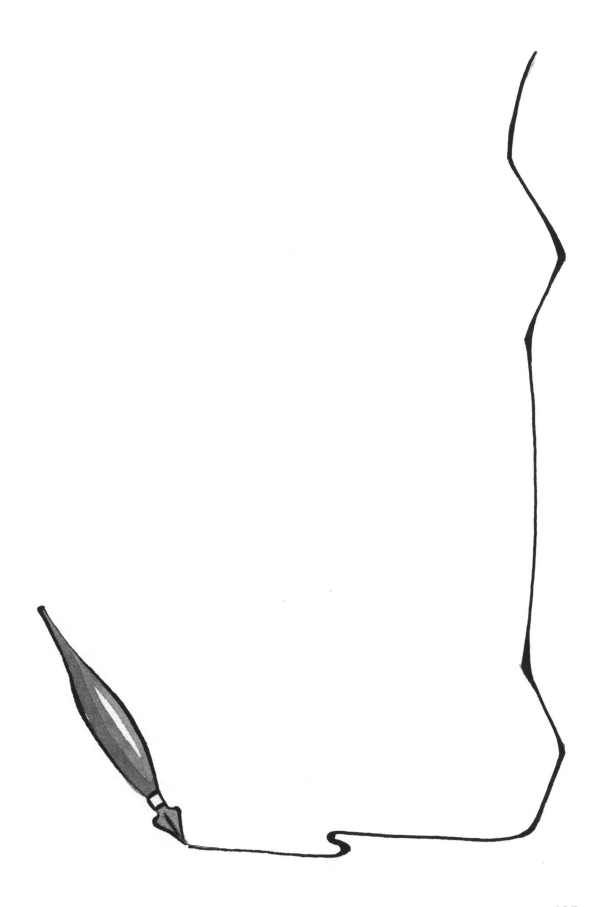

85. ESCREVENDO NAS COSTAS

✳ Este exercício é para ser feito com um amigo ou amiga.

✳ Peça ao seu amigo que fique de costas para você. Escreva nas costas dele, com o seu dedo, uma palavra. Veja se ele consegue adivinhar o que você escreveu.

✳ Aqui vão algumas sugestões de palavras:

lagartixa	bracelete	marmelada
queixo	queijo	coalhada
quebra-queixo	tico-tico	trovoada

✳ Invente outras!
___
___
___
___

✳ Novamente com um amigo, peça-lhe que vire de costas e agora desenhe, com o dedo, qualquer coisa nas suas costas e veja se ele adivinha.

✳ Nossas sugestões de desenhos são:

sol	casa	oito
lápis	rosto	cobra
flor	estrela	óculos

✳ Quais são as suas sugestões?
___
___
___
___

187

APÊNDICE

❑ Respostas para: "Na classe da tia Suzy" (nº 45):

1)	28 alunos	10)	17	19)	6
2)	1ª fila	11)	28	20)	8
3)	14	12)	5 e 12	21)	13
4)	12	13)	12	22)	24
5)	1	14)	10	23)	11
6)	14	15)	3	24)	25
7)	1	16)	27	25)	7
8)	21	17)	26	26)	9
9)	15	18)	2 e 18	27)	22

❑ Respostas tradicionais para "Sequências" (nº 47):

U, D, T, Q, C, S, S, O, N, D, O, D ....
(números: 1,2,3,4,5...)
J, F, M, A, M, J, J, A, S, O, N, D
(meses do ano)
D, S, T, Q, Q, S, S (dias da semana)
D, Q, S, O, D, D, Q, D, D, V, V e D, V e Q ....
(números de dois em dois)
M, V, T, M, J, S, U, N, P
(planetas)
A, T, G, C, L, V, L, E, S, C, A, P
(signos do zodíaco)

❑ Respostas tradicionais para "Que bichinhos são estes?" (nº 59):

1)	Tubarão	7)	Tartaruga
2)	Canguru	8)	Tucano
3)	Morcego	9)	Joaninha
4)	Coelho	10)	Caranguejo
5)	Elefante	11)	Porco
6)	Zebra	12)	Peixe

❑ Respostas para "Cores do nosso mundo" (nº 68)
Reis, rainhas e nobres – sangue azul
Posição mais alta no judô – faixa preta
Os orientais – amarelos
Os índios – pele-vermelha
Piada de mau gosto – humor negro
Garotinha que visitou os 3 ursos – Cachinhos Dourados
O cérebro – massa cinzenta
Pessoa zangada – vermelha de raiva
Garotinha que levava doces à vovó – Chapeuzinho Vermelho
Uma doença tropical – febre amarela
Mágica de bruxa – magia negra
Casa do presidente dos EUA – Casa Branca
Princesa dos 7 anões – Branca de Neve

❑ Respostas tradicionais para "Histórias & Problemas" (nº 69):
HISTORINHA 1 — O homem não se molhou porque ele era careca.
HISTORINHA 2 — O açúcar não ficou molhado porque o café era em pó solúvel (tipo Nescafé).
HISTORINHA 3 — Beto era um gato e Sandra, um peixinho.
HISTORINHA 4 — O dentista era mãe de Jorge, não seu pai.

❑ Respostas para "Borocoxôs" (nº 74):
1 — São figuras fechadas;
2 — Têm quatro bolinhas escuras por dentro;
3 — Têm uma bolinha clara do lado de fora;
4 — Têm apenas quatro pelinhos ou tracinhos do lado externo.

❑ Respostas para "Códigos interessantes" (nº 77):

1) As crianças adoram comer bombons. Descubra quem foi que comeu a caixa toda!
   Pista: A primeira letra de cada palavra move-se para a esquerda.

2) Oba! As férias já estão chegando! Vou poder dormir o dia todo!
   Pista: Letras invertidas - leitura de trás para frente.

3) Onde há circo, há sempre um palhaço. Mas temos que bolar um plano para impedir o palhaço de fazer palhaçadas sem graça!
Pista: Inversão da primeira e última letras de cada palavra.

4) Encontrei o esconderijo secreto dos quarenta ladrões. Para entrar, diga as palavras mágicas "Abrate, Sésamo!"
Pista: Troca das letras iniciais de pares de palavras.

5) Milhares e milhares de dólares estão escondidos num lugar secreto. Para encontrá-lo, siga a pista das grandes árvores em forma de W.
Pista: Troca de todas as vogais por uma única consoante "q".

6) Espelho, espelho meu!
Há alguém no mundo mais bonita do que eu?
Claro! Respondeu o espelho!
Adivinhe só quem é!
Pista: As duas primeiras letras avançam para a palavra à esquerda.

7) A receita secreta da torta de maçã da Vovó Donalda finalmente está em meu poder. Venderei a receita para o McDonald's e ficarei rico!
Pista: Troca das vogais:
a♦u - e♦o - i♦i - o♦e - u♦a

❏ Respostas para "Descobrindo Profissões" (nº 78):

1)	mineiro	9)	apresentador de TV
2)	ator	10)	domador de leões
3)	padeiro	11)	professor
4)	caubói	12)	pedreiro
5)	motorista de caminhão	13)	homem da carrocinha
6)	mecânico de carros	14)	médico
7)	acrobata	15)	nadador
8)	jogador de futebol	16)	bombeiro

SUGESTÕES...

Gostaríamos muito de receber uma cartinha sua contendo sugestões a respeito de outros exercícios em criatividade ou mesmo os resultados obtidos com os exercícios deste livro.
Escreva para nós:

Angela Virgolim,
Denise Fleith e
Mônica Neves

Instituto de Psicologia
Departamento de Psicologia Escolar e do Desenvolvimento
Universidade de Brasília
Campus Darcy Ribeiro - Asa Norte
70910-900 - Brasília - DF - BRASIL

MONTE SUA BIBLIOTECA!

ADAMS, J.L. (1986). *Conceptual blockbusting. A guide to better ideas*. Reading, MA: Addison-Wesley Publishing.

ALENCAR, E.M.L.S. (1990). *Como desenvolver o potencial criador*. Petrópolis: Vozes.

_____ (1993). *Criatividade*. Brasília: Editora Universidade de Brasília.

_____ (2000). *O processo da criatividade. Produção de idéias e técnicas criativas*. São Paulo: Makron Books.

ALENCAR, E.M.L.S. e VIRGOLIM, A.M.R. (1994). *Criatividade: Expressão e desenvolvimento*. Petrópolis: Vozes.

ANTUNES, C. (1987). *Manual de técnicas de dinâmica de grupo de sensibilização de ludopedagogia*. Petrópolis: Vozes.

AYAN, J. (1998). *Ahá! 10 maneiras de libertar seu espírito criativo e encontrar grandes idéias*. São Paulo: Negócio Editora.

BARRETO, R.M. (1982). *Criatividade em propaganda*. São Paulo: Summus.

BODEN, M. (1999). *As dimensões da criatividade*. Porto Alegre: Artes Médicas.

BRANDEN, N. (1991). *Auto-estima: Como aprender a gostar de si mesmo*. São Paulo: Saraiva.

BURDEN, V. (1975). *O processo da intuição: Uma psicologia da criatividade*. São Paulo: Pensamento.

BURNS, M. (1976). *The book of think*. Covelo, CA: The Yolla Bolly Press.

CAMPOS, D.M.S. e WEBER, M.G. (1987). *Criatividade*. Rio de Janeiro: Sprint.

CANFIELD, J. e WELLS, H.C. (1976). *100 ways to enhance self-concept in the classroom: A handbook for teachers and parents*. Englewood Cliffs, Nova Jersey: Prentice-Hall.

CAPACCHIONE, L. (1989). *The creative journal. The art of finding yourself*. North Hollywood, CA: Newcastle Publishing.

CONDEMARIN, M. e CHADWICK, M. (1994) . *Oficina de escrita*. São Paulo: Editorial Psy II.

CSIKSZENTMIHALYI, M. (1996). *Creativity*. Nova York: Harper Collins Publishers.

DAVIS, G.A. e SCOTT, J.A. (1980). *Estrategias para la creatividad*. Buenos Aires: Editorial Paidós.

DE BONO, E. (1994). *Criatividade levada a sério*. São Paulo: Pioneira.

DE ZORZI, C.M.P. (1991). *Nós, as crianças: Uma abordagem gestáltica em psicologia infantil*. São Paulo: Manole.

DRAZI, D. (1994). *Creative problem solving for kids*. San Luis Obispo, CA: Dandy Lion Publications.

EDWARDS, B. (1984). *Desenhando com o lado direito do cérebro*. São Paulo: Tecnoprint.

ELSTER, F. (1984). *Jogue conosco: Brincadeiras e esporte para todos*. Rio de Janeiro: Ao Livro Técnico.

ESTRADA, M.R. (1992). *Manual de criatividade: Os processos psíquicos e o desenvolvimento*. São Paulo: Ibrasa.

FREDERICKS, A.D. (1988). *The gifted reader handbook*. Glenview, IL: Scott, Foresman and Company.

FRITZEN, S.J . (1987). *Jogos dirigidos: Para grupos, recreação e aulas de educação física*. Petrópolis: Vozes.

_____ (1989). *Treinamento de líderes voluntários*. Petrópolis: Vozes.

_____ (1991). *Exercícios práticos de dinâmica de grupo*. Vols. 1-2. Petrópolis: Vozes.

GALVÃO, M.M. (1992). *Criativa mente*. Rio de Janeiro: Quality Mark.

GAWAIN, S. (1978). *Visualização criativa*. São Paulo: Pensamento.

GOLEMAN, D.; KAUFMAN, P. e RAY, M. (1998). *O espírito criativo*. São Paulo: Cultrix.

GUERRA, M. (1988). *Recreação e lazer*. Porto Alegre: Sagra.

HEGEMAN, K.T. (1982). *What to do?* Nova York: Trillium Press.

HORN, S. (1986). *Técnicas modernas de relaxamento*. São Paulo: Cultrix.

KING, B. e SCHLICKSUPP, H. (1999). *Criatividade: Uma vantagem competitiva*. Rio de Janeiro: Quality Mark.

LEWIS, D. (1987). *Mentes abertas*. Rio de Janeiro: Nórdica.

LOWEN, A. (1984). *Prazer: Uma abordagem criativa da vida*. São Paulo: Summus.

MARTINEZ, A.M. (1995). *Creatividad, personalidad y educación*. La Habana, Cuba: Editorial Pueblo y Educación.

McKAY, M. e FANNING, P. (1992). *Self-steem. A proven program of cognitive techniques for assessing, improving and maintaining your self-steem*. Oakland, CA: New Harbinger Publications.

MELLO, A.M. (1989). *Psicomotricidade, educação física e jogos infantis*. São Paulo: Ibrasa.

MICKLUS, S. (1988). *Make learning fun! Activities to develop creativity*. Glassboro, NJ: Creative Competitions.

MILICIC, N. (1994). *Abrindo janelas*. São Paulo: Editorial Psy II.

MONTEIRO, R.F. (1982). *Jogos dramáticos*. São Paulo: McGraw-Hill do Brasil.

MONTENEGRO, G.A. (1987). *A invenção do projeto*. São Paulo: Edgard Blucher.

MOSCOVICCI, F. (1980). *Desenvolvimento interpessoal: Leituras e exercícios de treinamento em grupo*. Rio de Janeiro: Livros Técnicos e Científicos.

NECKA, E. (1992). *Creativity training. A guidebook for psychologists, educators and teachers*. Cracow, Poland: Universitas.

NEGRINI, A. (1986). *Educação psicomotora: Lateralidade e orientação espacial*. Porto Alegre: Palloti.

NOVELLY, M.C. (1994). *Jogos teatrais: Exercícios para grupos e sala de aula*. Campinas: Papirus.

OSBORN, A.F. (1981). *O poder criador da mente: Princípios e processos do pensamento criador e do "brainstorming"*. São Paulo: Ibrasa.

RASMUSSEN, G. (1980). *The great unbored bulletin board book*. Stanwood, WA: Tin Man Press.

ROBERTS, R.M. (1993). *Descobertas acidentais em ciências*. Campinas: Papirus.

RODARI, G. (1982). *Gramática da fantasia*. São Paulo: Summus.

ROMAÑA, M.A. (1989). *Psicodrama pedagógico: Método educacional psicodramático*. Campinas: Papirus.

SHALLCROSS, D.J. (1985). *Teaching creative behavior. How to evoke creativity in children of all ages*. Bufalo, N.Y.: Bearly Limited.

SHUMAN, S.G. (1994). *A fonte da imaginação: Libertando o poder de sua criatividade*. São Paulo: Siciliano.

SILVA Jr., A. (1982). *Jogos para terapia, treinamento e educação*. Curitiba: Imprensa Universitária da UCP.

STARKO, A.J. (1995). *Creativity in the classroom*. White Plains, Nova York: Longman.

STEVENS, J.O. (1977). *Tornar-se presente: Experimentos de crescimento em gestalt-terapia*. São Paulo: Summus.

VON OECH, R. (1990). *Um "toc" na cuca*. São Paulo: Livraria Cultura.

_____ (1994). *Um chute na rotina*. São Paulo: Cultura.

WAYMAN, J. e PLUM, L. (1977). *Secrets and surprises*. Carthage, IL: Good Apple.

WECHSLER, S.M. (1993). *Criatividade; descobrindo e encorajando*. Campinas: Editorial Psy.

WEISS, D.H. (1990). *Como resolver problemas de forma criativa*. São Paulo: Nobel.

WINEBRENNER, S. (1992). *Teaching gifted kids in the regular classroom: Strategies and techniques every teacher can use to meet the academic needs of the gifted and talented*. Minneapolis, MN: Pamela Espeland.

WINNICOTT, D.W. (1975). *O brincar & a realidade*. Rio de Janeiro: Imago.

YENNE, B. (1993). *100 inventions that shaped world history*. São Francisco, CA: Bluewood Books.

YOZO, R.Y.K. (1996). *100 jogos para grupos*. São Paulo: Ágora.